JN057965

あなただけの「豊かな人生」のつくり方

充実した人生は

人間関係の改善から始まる

上倉 妙 著

セルバ出版

はじめに

豊かな人生をつくるためには、良好な人間関係を築くことが重要です。そして、そのためには「自分との対話」が不可欠です。

心理学者のアルフレッド・アドラーは、「人の悩みのほとんどが人間関係だ」と言っています。私は、20年以上にわたり、様々な方の相談に乗ってきました。年齢や性別、男女、国籍に関わらず、悩み相談の9割は、人間関係にいきつきます。

たった一度の人生、人間関係に悩まず生きたいですよね。そして悔いなく充実して過ごしたい。本書では、つらい人間関係を払拭し、悔いなく生きる方法をお伝えします。

人生を充実させる土台は、自然界で例えると「土」です。土とは、あなたの心です。じっくりといい土（心）をつくることで、はじめていい芽が出て、花が咲くように、土である心のあり方が重要なのです。

あなたは、「豊かになりたい」「成功したい」「幸せになりたい」と、何冊もの本を読み、セミナーや講演にも参加してこられたことでしょう。そのようななかで、本書を手に取っていただき、本当にありがとうございます。

読み終えたころには、「今より素敵で、豊かな人生が送れる」と、ワクワクしていただけたら幸いです。今より素敵で、豊かな人生を送るためには、自己との対話が不可欠です。

しかし、その時間は、なかなかつくれないし「自分との対話なんて今までしたことがないよ」と、不安に思っているかもしれません。

さらに自己との対話にくわえて、家族やパートナーとの対話も大事です。

働く女性にとって、出産後産休明けで職場に戻った「職場環境」は、まだまだよいものとはいえません。

近年、男性でも育児休暇が取れるようになってきましたが、男性の育児参加が増えたと言っても、女性がしてほしいと思っていることと、大きくずれているというデータもあります。

それは、「男性の脳」と「女性の脳」の違いなのでしょうか。これはおそらく、これらの仕組みをつくっている国会や役所には、まだまだ昭和の男性が実権を握っていることが原因の１つではないかと残念に思っています。

そして、夫婦の対話がうまくできないのではないか？

夫婦、パートナーシップだけではなく本音の言える関係が構築できていないというのが大きくかかわっているように危惧しています。

申し遅れました。私は京都に住む上倉妙（かみくらたえ）と申します。１９５４年生まれで、今年（令和６年）70

歳になります。「たえさん」とか「こけてもただで起きんオカン」と呼ばれています。

仕事はメンタリングとレイキティーチャーです。

メンタリングとは、「カウンセリング」と「コンサルティング」と「コーチング」そして「ヒーリング」を掛け合わせたものです。4つのなかから、その人に合ったものを提供します。複数合わせて提供することもあります。

まず、クライエントさんのお話を充分に傾聴し、洞察の深まるように問いかけます。すると、自分で考えを深め道筋をつくり出し、人生を力強く決めていくことができるようになります。自分の本音にも気づきます。

レイキティーチャーのレイキとは、宇宙に流れている大きな氣のエネルギーを充分に使えるように、私の身体をとおして目の前の人に与えていくイメージです。

心というより身体へアプローチすることで、身体から癒しが起こります。その結果、痛みが消えることもあります。

レイキの歴史を少しだけ説明すると、レイキは１００年以上前に日本で初めて誕生したもので、一般にも広まりました。しかし、戦争を境に日本での活動は少しずつ減っていったのです。

このように日本では減少していったレイキですが、ハワイに伝わったレイキが欧米に広まり、今では日本に逆輸入されてきました。さらに、欧米では代替医療としての役割も果たしています。

私は、メンタリングとレイキを掛け合わせ、クライエントさんが、「自分らしく豊かに輝く人生を送る」ことをサポートしています。

クライエントさんは、小学生〜70歳、タイの20代の青年、50代の中国生まれのカナダ在住の物理学者、乳がん治療の副作用で手が荒れる人用のクリームを開発している大学教授など、年齢も国籍も職業もバラエティに富んでいます。

どんな立場の方でも、生きている限り、悩みは尽きないものですからね（悩みは生きている証拠です）。

悩みといえば、2005年に次のデータが発表されました。脳は、1日に多い人で6万回も思考をめぐらせている。そのうち、80％の4万8000回もマイナスの思考である。また95％の5万7000回は前日と同じことを考えている（アメリカ国立科学財団）。

人生のなかで、ほとんど前日と同じことを繰り返し行い、マイナスなことを考えているなんてびっくりです！　そして、その悩みのほとんどが人間関係なのです。

仮に人生が100年とすれば、80年はマイナスなことを考え続け、95年も前日と同じことを繰り返しているのです。毎日ネガティブなことを考え、新たなことにもチャレンジしない。このデータを読んで、「なんて、もったいない人生を送っているのか！」と私は驚きました。

あなたは、このデータを見てどんなふうに感じ、どんな考えが浮かびましたか？　ぜひ、1つでも新しいことにチャレンジし未来をワクワクすることでいっぱいにしていきましょう。
よりよい人生のために、豊かで幸せになっていくために、本書がお役に立てば幸いです。

２０２３年12月

上倉　妙

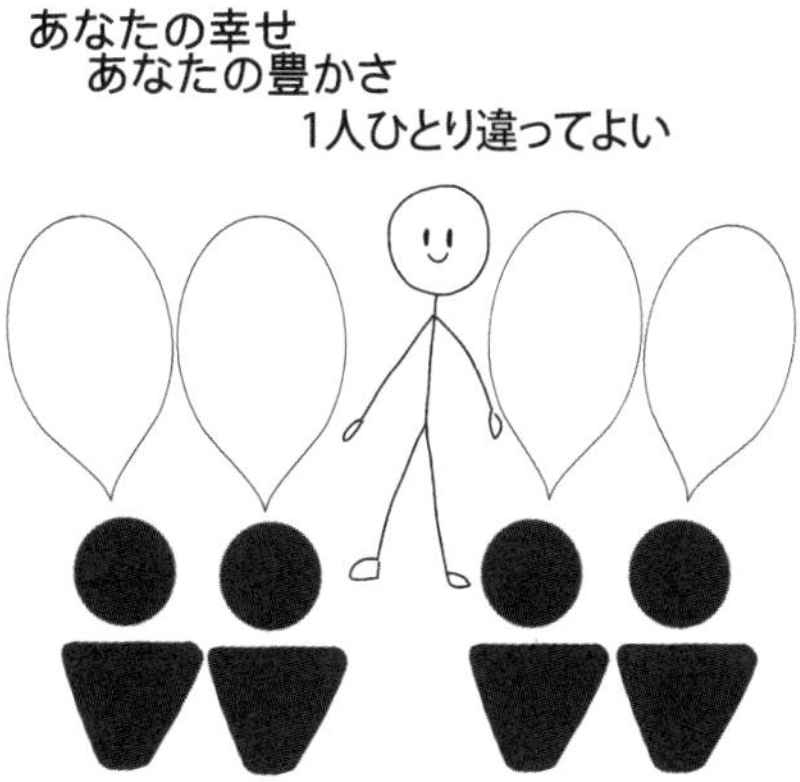

あなたの幸せ
あなたの豊かさ
1人ひとり違ってよい

あなただけの「豊かな人生」のつくり方――充実した人生は人間関係の改善から始まる　目次

第3章 今までと同じ時間の使い方なら、一生今までと同じです

第4章 「時間に流される」のと、「時代に乗っていく」とは違います

第5章 今までどおりじゃダメ！ じゃあどうするの？

第6章 考え方・解釈はどうなっている？

第7章 「悩む」と「考える」は似て非なるもの

第8章 この章は他言無用!

第9章　健康について

第10章　待つこととチャンスを活かすこと

第1章

人生100年時代、どんな人生を送りたいですか？

1　何をやるにも目的をはっきりさせる

目的ではなく「真の目的」を見る

あなたはどんな人生を送りたいと思っていますか？　もちろん後悔しない人生を送りたいですよね。

人は、もう息を引き取るという間際、どのようなことを思うのでしょうか？「もっとチャレンジしておけばよかった」、それとも「いろんなことにチャレンジして楽しかったな～」、どちらでしょうか？

生まれたら、必ず死にます。そうなんです。生まれることと死ぬことはセットなのです。生まれた瞬間、そのことは決まっているのです。

そこで、普段は生きている期限を考えたことのない方も、この機会に一緒に考えいきませんか？「死に方が決められれば、生き方が決まる」アメリカから論理療法を持ち帰った心理学者の故・國分康孝先生の言葉です。

まず、「目的」とはなにか？　目的とは、組織や個人のビジョンを実現するための方向性を表します。何を達成しようとしているのか、なぜ行動を起こそうとしているのか、その根本的な理由を示すものです。

「目的をはっきりさせる」と言っても、日常ではなかなかそこまでは突きつめていないかもしれません。

あるクライエントさんの話です。その方は、旅行に行きたいと思っていても、なかなか実行に移せないと悩んでいました。彼女の頭のなかでは、「旅行に行きたい、1人それとも誰かと、そうだ久しぶりに仲間とワイワイしながら行くのっていいよね、いつも仲良くしていた5人のメンバーで行ったら絶対楽しい、北海道がいいな、でもみんなタイミング合うかなぁ」というように、なんとなく筋書きが頭のなかをグルグルと回っているという状態でした。

この彼女からの、考えがグルグルと回ってなかなか行動にうつせない、どうしたらいいのか、何か方法はあるのかという相談に私は、まずは頭に浮かんだことをノートに書き出してみてくださいとアドバイスしました。

頭に浮かんだことはノートに書き出す。彼女はその場で書き出していきました。旅行へ行きたい、北海道に行きたい、友達が一緒だと楽しい、昔の仲間5人と久しぶりにゆっくりしたい、おいしいものが食べたい、笑顔で散策したい……。

視覚化できるように、次々とノートに書き出したことで何を目的にするか？　彼女は考えはじめたのです。そして、久しぶりに仲間とワイワイしたいことが、この旅行の目的だ。つまり、『仲間と久しぶりに交流を深めること』が彼女の真の目的だと気がついたのです。

　ここでもしも、頭のなかの筋書きだけで話を進めていたらどうなっていたでしょう？　5人のタイミングが合うか、全員が北海道に行く予算の都合がつくかなど、否定的なことばかりが浮かんで、「じゃあ今回は見送るか」と、計画倒れに終わったかもしれません。

　また、行けない人が1人でもいて、その友人を残して北海道へ行くこともありうるかもしれません。しかし、旅行に行く目的は何だったか？　1人旅ではなく、いつも仲良くしていたメンバーを選んだ目的、理由は何だったでしょう。1人なら旅行ができないということではないのです。

　ところが、頭のなかだけでは気がつかないこともあります。交流を深めることが目的なら、北海道へ行かなくてもできると気づいた彼女は、計画の変更をしました。

真の目的は交流だったので、ただ連絡をするのではなく、近況をしっかり対話していくと、泊まりが無理な友人も昼間の都内の企画なら参加できることがわかったのです。

そこで企画内容を「カラオケと昼食会」に変更し、仲良し5人組が久しぶりにそろい、昼間の時間を充分に楽しめたのです。

お互いに話を聴き笑い合い、共感し合い、勇気づけたりすることもできました。

目的を明確にするためのポイント

旅行の計画を立てると、1人暮らしなら休暇を取るなどの準備だけかもしれません。しかし、家族と一緒に暮らしていると家族間の調整も必要になるかもしれません。ワンちゃんがいれば、散歩をどうするかなどの問題も発生します。

このようなことが、人生でも起こります。國分康孝氏の「死に方を決めると生き方が決まる」というのは極端かもしれませんが、１人寂しいお別れになるのか、家族や友人に見送られながら天寿を全うするのか？　どちらを選ぶかは、日ごろの行動や内容で決まります。

欲しいものを手に入れるということは、手に入るようにしていくということです。人生の目的を考えると、生きているうちに見えてくるものがあります。

ですから何かを行動するとき、やろうとするときには、目的をはっきり意識していくことが重要です。そのためにはノートに書いて「見える化」することが有効です。

人生の行き先を決めるのはあなたです。ここでノートに書くポイントをまとめます。

ポイント１：プラスなことのみならずマイナスなこともノートに書き出す

ポイント２：書いたことを眺め、真の目的を考える

ポイント３：まずは１つ決める

ポイント４：実現可能なことを考え、他者にも協力を求める

ポイント５：脳の特性を知り上手に使う（後述）

これらのポイントを押さえ、頭のなかでぐるぐると回っている計画や思いを「見える化」してください。

そしてそこで見えてきた「真の目的」と共に、本当の嬉しい時間を過ごしましょう。

2 「始まり」と「終わり」という時間枠が必要

仕事のペースが変わる不思議

「仕事は、その仕事を遂行するために割り当てられた時間に充てられる」

これは、１９５５年にイギリスの歴史家であるシーダル・ノースコート・パーキンソン氏が提唱したパーキンソンの法則です。わかりやすく説明すると、人は与えられた時間で仕事を達成しようとするもので、時間的な制約がなく自由だと、だらだらと仕事をやってしまう傾向になり、多くの時間を無駄にしてしまうという法則です。

例えば、１００通の封書を出す。封書のなかにイベントの案内と招待のチケットを同封する。期限が5日ならこの作業を5日で終わらせるし、得意先の都合で3日になれば、３日で終わらせる。与えられた期限ギリギリまで作業はかかってしまうものです。

もう1つ、夏休みの宿題を例に考えてみましょう。たとえ10日で終わる宿題でも夏休みが終わるまでダラダラして取り組まない。しかし夏休みの後半は家族でハワイ旅行に行くと決まった瞬間、10日で終わってしまう。なんだか想像がつきやすいのではないでしょうか？

パーキンソンの法則の罠にはまると、割り当てられた時間をすべて使ってしまうのです。罠にはまらないようにするには、シビアに期限を決めることが必要です。

この作業は3日で終わらせる、旅行前に宿題は終わらせる。そう決めれば物事は片づき、時間をつくることができます。

多忙を極めた日々に、大量の課題をやり遂げた方法

私は、通信大学に編入して心理学を専攻し、最大限取れるだけ単位を取ると決めて挑みました。

授業が始まるのは5月の大型連休後。そして、9月に前期の試験があります。それまでに15回受講し、課題を提出するのです。さらに試験日までにレポートの提出は2つあります。

大学では、前期試験日という「終わり」が決められているわけです。では、始まりはというと終わりが決まっているので逆算し、そこに余裕の日を加え、学ぶスケジュールをつくって「始める」というわけです。取れる単位は最大限にしたので、学ぶ教科は10教科以上。相当な量がありました。

当時、仕事は心理学のアシスタントをし、京都の自宅から新大阪近くまで1週間に6日通っていました。そのほか、家族の食事や掃除洗濯、それに加えて飼っていた犬が介護状態で世話をするのにも時間がかかりました。

それでも、友人と食事に行きたい、実家に遊びに来る息子と話したい、旅行にも行きたい、というようなプライベートも充実させたい等、あれもこれもどうしようという状態となりました。

そこで、やりたいことを頭のなかに置いたままではゴチャゴチャになるので、いつものようにノートに書き出しました。大学の通信学科をここまでやったら、ご褒美においしいものをいただく。簡単でスイスイいけるところからどんどん攻めていくようにする。そして攻略本ではないですが、経験者にどうやったらうまくいくかを聴いてみる。経験者に聴き、真似るのは、まるでゲームの攻略本を手に入れた感じでした。

ところが自宅で、動画で学習をしていると、様々な誘惑が押しよせてきます。目につくものを片づけたくなるとか、食器を洗う、ポストにハガキを投函するなど・・・。そういったときには、それらはメモをしていつやるか書き込んで置いておきます。そして今現在、集中していることをやりとげる。

さらに学びや掃除の時間、テレビを見る時間も、終わりの時間を決めておかないと、ずっとやってしまいます。

明日のことや体力も考えて「いつ終わるか」の設定も大事です。設定しなければ睡眠時間を削ってしまうことにもなります。後述しますが睡眠は非常に大事です。「始まり」と「終わり」という時間枠を決めることで、仕事の速度もアップするのではないでしょうか。

ポイント１：やりたいこと、やるべきことすべて書き出す

ポイント２：ジグソーパズルのピースのように、どこからはめていくか攻略順を決める

ポイント3：おおよその時間は、15分を配分時間とする（集中時間、人により変動有）
ポイント4：攻略を決めたら、攻略順にやる。15分×何回
ポイント5：思いついたことは、ノートに書いて頭から追い出し、目の前のことに集中する
ポイント6：一段落したときにノートを見て、重要なことから取りかかる

私は掃除が苦手です。だからこそ、コーヒーメーカーのスイッチを入れたら、台所周辺を拭き掃除してコーヒーができあがるのを待ちます。時間は7分くらいです。

7分あれば、かなり掃除ができます。洗濯機を回している間にトイレ掃除をしたり、食器乾燥機で洗浄している間に洗濯物を干したり畳んだり。スキマの時間に、苦手なことを少しずつやっていくと、あまり苦もなく片づいていきます。

今日はお休みだから掃除しようと思ってもなかなかできないのに、スキマ時間なら片づいたという経験はありませんか？

人は、湯水のように時間があるといつでもできると実行に移さないのに、限られた時間なら実行するものなのです。

気分が落ちついてリフレッシュできたら、さあ、次のことを始めましょう！　時間枠を決めることで、休憩も取れるし集中もできる。パーキンソンの法則を打破して自分で自分の時間を使いこなしていきましょう。

3　何でもできるとしたら何をしますか？

流れ星に願えば叶う本当の理由

「何でもできるとしたら」といわれても、すぐには何がしたいか出てこない方もいます。そのような方は、子どものころ、親に「できない魔法」をかけられているかもしれません。大人になった今は、「時間がないから」「お金がないから」「前にこれをやって失敗したから」など、できない理由ばかりを見つけて、自ら挑戦するのをやめてしまいます。

だけど、子どもの頃は、そうではなかったはず。ピーターパンのように、空を飛ぶことすらできると信じていませんでしたか？　スターやヒーローになることを夢見たり、街で見かけた職業に憧れたりしても、親から「それはお金が稼げないからダメよ」「あれになるのは、すごく難しいから無理よ」と、「できない魔法」をかけ続けられたかもしれません。

そんな魔法は解いてしまいましょう！　自分の限界を他人に決められる筋合いはありません。自分にはできる！　そんな気持ちで進みましょう！　そのためには日ごろから、何がしたいかを考えておく。「アラジン」に出てくるランプの魔人ジーニーが「ご主人様、何なりとおおせください」と言ってきたら、お金や能力、時間のあるなしに関係なく、言わなきゃ損ですよね。なかなか出てこないのは、日ごろから考えていないからです。

「流れ星」に願いをいうと叶うのは、すぐいえるぐらい日ごろから、そのことを思っているからです。そのことを思っていれば、そのことにベクトルが向いて、実現しようといつも考えているとも言えます。日ごろから常に考えているから、流れ星が消える前に、願えるのです。

願い事の準備法

では、流れ星が突然目の前に現れても、すかさず願うことができるように、リハーサルをしておきましょう。そのためにはまずもちろん、願い事をあらかじめ明確にしておく必要があります。

願い事が今すぐ思い浮かばない方は、このように探してみてください。まずは、「私が何でもできるとしたら何をする?」と自分に質問してみましょう。小さなことから、実現不可能と思える大きな夢、欲しいもの、行ってみたいところ、何でもいいから書き出してみてください。たくさん見つけるためには、書店にいって興味のあることを探したり、ネットで検索してヒントを得るのもよい方法です。

「九塞溝（きゅうさいこう）・黄龍（こうりゅう）」とネット検索してみてください。知らなかった方は、この美しさに驚き、ビックリします。知らない世界を知ると、他のことにも興味がわき、やりたいことも見えてきます。

ポイント1：まずは受け身を捨てる

ポイント２：自分が選ぶとしたらと、自分中心に考える
ポイント３：書店やネットで知らない世界に興味を持つ
この３つのポイントを押さえて、少しずつ頭に浮かぶことを書き出していきましょう。

4　人は必ず死にます。残された時間はどれだけあるか？

あなたは、何歳まで生きたいですか？

誰にでも死は必ずきます。しかし、「自分だけは大丈夫！」と思ってしまうものなのです。普段、考えないので、無理はありません。それに毎日考えて生活するのも生きづらくて大変です。しかし、産まれたらセットで死はついてきます。人生１００年時代と言われています。健康に留意していれば１２５歳とも今は１３０歳ともいわれています。そのときに健康でピンピン歩いて行動できていれば理想的です。

突然ですが、あなたは何歳まで生きますか？　健康寿命は？　寿命はありますが妄想でいいんです。願望でも構いません。自分で勝手に生きる時間を決めてみる。一度立ち止まって「何歳まで生きようかな？」と、考えてみてください。

ポイント１：自分が何歳まで生きる（健康寿命）かを決める

ポイント２：決めたことを達成するためには、どのような生活を送るとできるか考える
ポイント３：考えたことを実行する。食事、睡眠など記録するなど
ポイント４：睡眠は一番大事だと肝に銘じよ（睡眠不足は後々付けが回ってくる）

「やりたいこと」は、残された時間でしかできない

あなたは残りの人生でやりたいことは、何個ありますか？　残された時間によって変わってきますよね。それでは、あなたは何歳まで生きたいですか。私は１２５歳までと思っています。あと75年です。それを時間で表すと75年×３６５日×24時間＝６５７，０００時間です。

そのうち睡眠時間が３分の１だとしたら、起きている時間は４３８，０００時間。このうち食事やお風呂など生活に必要な時間を差し引いていく。厳密じゃなくても大丈夫です。

数字を小さくして１日で考えてもいいです。１日は24時間。そのうち８時間は寝ています。残り16時間のうち８時間は働いているとして、残りは８時間。その残りから通勤時間、食事、家事、雑事などを引いていくと、どれくらい残るでしょうか？　それがあなたの使える時間です。

働きながら子育てしている方は、自分が自由に使える時間は、かなり少なくなるかもしれません。

ノートに１日の時間の使い方を書き込んでみましょう。

ポイント１：自分の使っている時間を記録する

ポイント２：記録から無駄な時間を探し、減らしていく
ポイント３：人生でやりたいことを真剣に考えて的を絞る
ポイント４：達成したいことを達成すると決める

5　今までのままでいいのか？

生き方の更新方法

本書に書いてあることをやり始めると、「時間が足りない！」と思うかもしれません。なぜなら脳内の考え方が今までどおりにやろうとするからです。今までどおりの時間の使い方だと、「できない、無理」と思うこともあります。パソコンに新しいデータを入れると、「更新してください」と出ます。人間の脳も同じです。更新しなければ使い物にならない。難しいから自分に合わないとか、使えないなど、できない言い訳が出てきます。

今まで、頑張ってきたのに、自分が思う幸福感を感じられていないなら、あなたの脳内の掃除が必要です。パソコンは、ファイルやフォルダを削除すればいいですが、脳の記憶は削除しにくいです。あなたが「今までどおりではイヤだ！」「変わりたい！」と思っているなら以下のポイントで考えてみてください。

ポイント1：私は大人だ！　自分のことは自分で責任を持ってできる！　自由だ！
ポイント2：今まで「事なかれ主義」でいた人は、それを続けた場合の結末を考えてみる
ポイント3：もし、現状を変えたいなら、望む姿と現在の状況を細かく比較する
ポイント4：望む理想をノートに書き出す

他人の人生を生きている場合ではない！

誰も他人の人生を生きたいとは思っていません。しかし、本当に自分の人生を生きていると言えるのでしょうか？　本書を読みはじめて、少しずつ「あれ？　私は自分の人生を生きてきたかな？」と疑問に思っている人もいるかもしれません。

赤ちゃんのときは、何も言葉を持たず「笑う・寝る・泣く」という「快・不快」を表現してきました。育つ過程で言葉を覚え、考え方を学び、今ここで、本書を読んでいます。

脳内には古い情報がたくさん入っています。心理学でいう交流分析なら脚本、アドラーなら家族布置（兄弟のなかで何番目に生まれたか、家庭内でどのような立場にあったかなど、その家族構成）、ほかの言い方なら、潜在意識などの言い方もあります。昔からの古いやり方や、あたかも自分で決めていると思っているものも、ひょっとしたら、親の言いつけを守っているだけかもしれません。

もし、あなたが子どものころ、「親のいうことを聞く素直でいい子」といわれていたら、要注意です。

親の期待に応えようとしていたのなら、親の考えと同じことをしているかもしれません。このことは、なかなか気がつかないのです。なぜなら家族も同じ考えのことが多いからです。

「女は3歩下がって歩く」という時代が、日本にはありました。「男子厨房に入らず」とか「男は稼いでなんぼのもんじゃ」とか。管理職が女性に狭き門であるということなど。

それをそのまま信じる人もいます。「それほんま？」と疑ってみてください。ここでワークをしましょう。1人でできます。

ワーク「私は○○です」

「私は～」から始まる短い文章を書いてください。このワークは、私が京都橘大學健康科学部通信制で学んだ『新・自分探しの心理学 ～自己理解ワークブック～』（川瀬正裕　松本真理子編　ナカニシヤ出版の心理学より抽出したワークです。本来は振り返りもありますが、少し専門的になるので、本書では「自分についてセルフイメージを観る」にとどめています。

実際に私の場合は次のような感じです。

①私は、４人の息子を産みました。

②私は、今年70歳になります。

③私は、お寿司が好きで、疲れたときは特に食べたくなります。

④私は、息子から、こけてもただで起きんオカンやといわれています。
⑤私は、外へ出て活動することも、家で手芸などをすることもどちらも好きです。
⑥私は、元気で愉しい人です。
⑦私は、ダイエットを楽しく成功させています。
⑧私は、自分を誇りに思っています。
⑨私は、できるまで物事をやる粘り強い人です。
⑩私は、年を重ねるごとにチャレンジ数が増え、向上心旺盛で人生が楽しいです。
⑪私は、小学校時代引っ越した地域でいじめられ、とても悲しい思いをしました。
⑫私は、小さなころ、かぎっ子で寂しかったので「おかえり！」を大事にしています。
⑬私は、自分を過小評価するところがあります。
⑭私は、頭が柔らかくどこからそんなアイデアが出るのとよくいわれます。
⑮私は、料理が大好きです。洗濯も好きです。掃除は苦手です。
⑯私は、猫より犬が好きです。
⑰私は、土いじりが好きです。花を育て、ご近所の庭を借りて野菜をつくっています。
⑱私は、桜が好きで庭に植えました。春、満開の桜の下でお茶するのが好きです。
⑲私は、アゲハ蝶のために柑橘類を育て、ヒラヒラと舞うアゲハ蝶の姿を見ると心が安らぎます。

⑳私は、人生が四面楚歌になっても、地から天へ抜け出せると信じています。

「私は何々です」という文書を20個書いてください。直接、書き込んでもいいです！　気軽な気持ちで書きこんでくださいね。

①
②
③
④
⑤
⑥
⑦
⑧
⑨
⑩
⑪
⑫
⑬

⑭
⑮
⑯
⑰
⑱
⑲
⑳

この20個が、今のあなたです（カーナビも現在地を入れてそこから行きたい方向へ行く。だから現在地、つまり今の自分を知ることが重要なのです）。

6　私の人生どうしたらいいの？

表に見えない自分を知る

1章で「何でもできるとしたら何をしますか?」と聞きました。あなたがやりたいと思うこと、欲しいことは、本当はまだまだあるはずです。それは、心の奥で眠っているかもしれません。それなら、それを見つけましょう。そして、起こしましょう。そのために、次のワークをやってみてください。

自分の「好きなこと」を書き出す。もう1つは、「嫌いなこと、やりたくないこと」を書き出す。

できれば、ノートの見開きの左側のページには好きなこと、右側には嫌いなことというように、分けて書き出してみてください。

ここまで読んで、「ひょっとしたら自分を知っているようで、実は知らないかも」と思ったら、とてもいい感じです。

【ワーク：好き・嫌いのワーク】

このワークは、今のあなたの心に尋ねてください。「嫌いっていえないし」と留まるのではなく、できれば、やりたくないことや避けたいことも、今回は正直に「嫌い」と思うほうに入れてください。嫌いなことを嫌いと言えること

〔図表1　ワーク好き嫌いのワーク（著者の場合）〕

好き	嫌い
清潔な感じ	派手・だらしない感じ
無臭・香りなし	香・臭いが強い
穏やか	感情的
オープンな人	クローズな人
約束を守る	約束を破る
配慮できる	自分本位
対等観	高圧的
自分がある	優柔不断
能動的	受動的
先が読める	先が読めない
自律的	依存的

は、大事です。

「嫌い」なことをはっきり知れば

誰に見せるものでもないので、心配せずに書き出してみてください。自分の好き嫌いがわかると、やりたくないことはしなくなる。これが大事です。自分を犠牲にしていたこと、我慢していたこと、義務だと思っていたことも書き出してみましょう。それは、やりたくてやっていたか？　嫌いだけど義務や慣習でやっていたなら「嫌い」の部類に入ります。

我慢や犠牲にしたこと、義務だと思って頑張ったことが多い方は、「よく頑張ったね」と、自分に声掛けをして、褒めてあげてください。自己ヒーリングに繋がります。小さいときの自分は親が言うことは正しいと思っていた。やらないと嫌われると感じて怖かった。今のあなたは、もう大人です。大丈夫です。さあ、着せられた服を脱ぎ捨てて、私はこの服が着たいと自分で好きな服を選びましょう。どんな色？　どんな柄？　優しく？　爽やかに？　華やかに？　自分の人生は自分で選ぶことができるのです。自由に描きましょう。

孫悟空は頭の輪（緊箍児）は、三蔵法師に呪文をかけられ、取れないようにはめられました。しかし、あなたは自分ではめて締めたりゆるめたりしているのです。あなた自身で外すこともできるということを知ってください。

第2章
まず自分の時間の使い方を観る

1　1日の時間の使い方を、どうするか

まずは1日、1週間の時間消費内容を確認する

豊かな人生を過ごすためには、時間の使い方が重要です。生きているとは、時間の過ごし方、その質が人生そのものです。そして世界万民共通して、1日は平等に24時間です。この誰もに平等に与えられている「時間」について、知りましょう。

忙しいという字は、「心を亡ぼす」と書きます。「忙しい、忙しい」という人にかぎって、あっという間に時間は過ぎ、夜になり、結局、何もできなかったと嘆きます。

しかしそれは本当でしょうか？　起床時間から就寝時間までの自分の時間を観察してみてください。

朝の支度：自分の身支度、家族の朝ごはんの用意、いろいろありますね？

家事：炊事、洗濯、そうじ、どの時間にしていますか？

仕事：通勤する時間、会社？　自宅？　どこでもできる仕事？

生活：ご飯を食べる時間、お風呂、読書

ノートに1週間の予定を書き出してみてください。

本当に実行できる計画の立て方

１週間の計画を確認し、新たに前述した自分の好きなこと、やりたいことを加えると、予定を詰め込みすぎている人がいます。そして、タイトなスケジュール過ぎて、計画どおりにいかず三日坊主になり、諦めてしまう。

そこで、一度つくった計画を３割削って、７割にしましょう。

やりたいことがいっぱいあっても１日は24時間です。バランスを考えましょう。

ポイント１：計画は３割削る
ポイント２：家のこと・仕事・プライベート等　全部で６つに分けて考える
ポイント３：取り掛る前に時間を区切り、やり切る
ポイント４：できなくても時間がきたらストップする
ポイント５：１つできたら　前進と喜ぶ

2　時間をうまく使っている人とそうでない人の違い

知らない間に時間を無駄遣いしていることに気づこう

すべての人に与えられた時間はそれぞれ24時間と平等なのに、その時間の使い方、活かし方は本

当に人それぞれです。そう言われればもちろん誰もが、その時間をうまく使いたいですよね。

しかし、時間のうまい使い方って、どういうことでしょう？　どんな使い方が、よい使い方なのでしょうか。

時間の使い方が、いい使い方かどうか。それの見分け方は、効果的かそうでないかです。1日は24時間。そのなかで人は、あらゆる行動をとります。その1つひとつで時間を使うわけですが、こんな使い方は、いい使い方ではありません。

例えば、「無駄が多い」と言われて、はっとする人はいますか？　あれもこれもやったのに、結局何にもならなかったということ、ありませんか？　省けるものは、省きましょう。

当たり前だと何も疑わずに続けている習慣も、実はやめてみると何も影響がなかったということはよくあります。

他にも、「悩む」。これは、誰しもがやってしまうことですよね。もちろん時には悩むことも必要ですが、あまりに悩むことに時間を使っていると、効果的とは言えません。

それから「決断が遅い」。これは特に残念です。

何も考えずに直感で考えたことと、あれこれ考えてさんざん時間が経った後に決めたこと。大抵は、決断結果は同じであることが多いです。それなら、決断までにかかった時間は、無駄な時間となってしまいます。

また、「あれこれ思い出してはやってしまう」も、効果的な時間の使い方ではありません。あ、これもしておかないと、あ、忘れてた！　と、思いつく度に行動する人がいます。この場合、１つひとつの行動にかかる時間は短いですが、それらをすべて合わせると相当な時間を消費してしまっていますよ。

時間の使い方の効率があがる5つのポイント

多くの成功者たちは、時間を効果的に、とにかく有効に使ってきました。時間をいかにうまく使えるか、それが成功へのカギと言えるでしょう。

成功者たちが実際に実行していたポイントに合わせて、私たちも今日からでもすぐに使えそうなポイントを見ていきましょう。

ポイント1：前日に服装や靴は決めておく

スティーブ・ジョブズは、洋服を選ぶということに、時間をかけないようにしていました。実際にどうしていたかというと、全く同じ黒いTシャツとジーンズを複数持っており、それらを毎日着続けたのです。靴下は同じものを7組そろえておけば、迷うこともありませんね。これなら、「今日は何を着よう」とか、「今日はこんなイベントがあるから、この服がいいな」などと考える時間はゼロになります。

また、雨が降った場合も考え、雨用の服装を決めておくといいですね。

ポイント2：家電を良質のものにしておく

現代はありがたいことに、便利な家電製品が何から何までたくさん発売されています。これらをうまく活用するのは、時間を効果的な使い方をするのに最適。

しかし、その家電製品の選び方でも、少し気を付けてください。髭剃り、ドライヤーや台所で使う調理器具、食洗機など、安上がりのものは性能が悪い場合があります。あまりに低価格なものは、すぐに壊れたり、手入れが複雑、または使い方に手間がかかるという場合もあるでしょう。そうするとかえって時間を奪われてしまうことになるので、よく考えて購入しましょう。

ポイント3：食べるものはコンビニエンスストアの弁当や加工品に頼らずつくり置きをしておく

料理が好きで、息抜きになったりストレス発散になる人は、いいです。

しかし、料理をする時間が負担になっていたり、その時間を他のことに回したいという人もいますよね。そんな方はついつい、コンビニエンスストアのお弁当や、スーパーなどで売られているレトルト食品などに頼りがちという場合も多いと思います。

しかし、同じものばかり食べていては、喜びも半減。お金も多くかかってしまいますよね。たとえ1人暮らしでも、カレーなどは多めにつくって小分けにして冷凍にしておくこともできます。毎日料理をしなくても、1週間に1度時間を設ければ、冷凍という技を使って1週間分の時間を確保することができます。

ポイント４：睡眠をしっかりとる。

時間が欲しいとなると、ついつい寝る時間を遅くしてしまったり、もしくは早起きをして何かをしようとする人が多いでしょう。しかし、睡眠の大切さをあなどらないでください。睡眠がしっかり取れていなければ、結局は効率が悪くなってしまいます。

脳の休息は、大切です。良質な睡眠は翌日の頭の回転を速くしてくれます。そうすれば、同じ時間を使ったとしても、やったことの成果は上がりますし、多くのことができますね。早寝早起きを心がけましょう。

ポイント５：やることの書き出しは必須。

パソコンやスマートフォンでも、アプリをダウンロードし過ぎたり、後で見ようと思って保存しておいた動画が大量に残っていると、全体の動きが遅くなりますよね。それが実は、人間の脳でも同じなのです。

頭のなかにあれやこれやと考えることを置いたままにしておくと、脳の働きは鈍くなり、処理速度が低下します。頭の外に出して、チェックしてみましょう。閃いたことや気になることは、思い浮かんだら、すぐにメモを取ります（時間をうまく使っている人はメモを取る、うまく行かない人は頭のなかで考えが出たり入ったりの繰り返しです）。

3　自分のパターンを知る

過去の私のお決まりパターン

私の場合は、１日の計画は決め過ぎないほうが応用がきくと思っていたので、あまり明確に日々の計画を立てないというのがパターンでした。

というのも、男の子４人を子育てした乳児期は、「朝ご飯の用意、洗濯、子どもと遊ぶ、昼ご飯の用意、お昼寝、子どもと遊ぶ、夕飯の用意、風呂、寝かせる」のルーティーのみの毎日。そこに、１週間に１度の買い出し、保健所の行事がありました。

そして幼稚園や学校へ上がると、それにまつわる登園の送り迎え、登校の見守り、ＰＴＡ活動などが加わりました。おんぶをして会議には出るが、その後のランチは遠慮して帰宅。最小限の外出ですませるというパターンでした。それはパートナーの性格や帰宅時間に制約があったからです。

１日を上手く回すためには、その範囲での行動計画が必要でした。

パートナーは朝が早く、普通のサラリーマン家庭よりも３時間はタイムスケジュールが早く、そのため買い物は午前中にしなければ夕食に間に合いませんでした。毎日の買い物は子連れで車なしの私は時間がかかり、１週間に一度、大きな乳母車で買い物に出かけ、寝ている乳児の横のスペースにも、食品を所狭しと詰め込んで帰宅するという状態でした。あなたの場合はどうでしょうか？

ポイント１：デパ地下やスーパーが、価格を下げる時間に寄る

ポイント２：自分の動線を知り、組み合わせる

ポイント３：何か始めてもすぐ次々浮かんでくるときはメモを取り、後で考える

ポイント４：前日に翌日の行動をおおよそ決めておく。そうすることで寝ている間にさらにいい方法が出てくることがある。

ポイント５：忙しいと感じたら一旦停止！　書き出したものを眺めてみる。大まかに書いている内容を詳細に書き直してみる。

自分の行動パターンを知ることで、その反対に動いてみると時短や経費削減になることもある。

私がパフォーマンスを上げるためにやったこと

私は夜中の12時を過ぎての就寝は、翌日、脳も身体もすっきりせず、パフォーマンスが低くなります。

遅く寝てしまった原因を分析すると、自分のことを後回しにして、頼まれ事や家族のことを優先していたと判明しました。その後、順番を代え、自分のことを先に済ませ、時間があれば就寝時間までに他のことをすることで、適正な睡眠時間を確保できるようになりました。

さらに寝る時間を早め、朝時間を活用することで疲れている夜に活動するよりもパフォーマンスが上がることもわかりました。このような体験から、私には朝時間が有効だと認識し、今では早起きして、朝時間を活用しています。

そして時間をうまく使うには、タイマーをセットしておくことにしています。期限があると集中できるのと、もし過集中になっても途中で止めることもでき、約束の時間も忘れずにすむからです。1人でいるときは、「はいはい！　リセット！」と大きな声でいい、「脳内配線を変えるぞ！」と、再び行動を開始します。他の方がいるときは心のなかで叫びます。そうすることでスイッチが切り替わり、目の前の仕事に集中できるのです。

睡眠の質は、いいにこしたことはありません。脳が疲れているとパフォーマンスは下がります。睡眠の時間は個人差があるので、適正な睡眠時間をいろいろ試してみることです。私の場合は、夜のミーティングがあるとわかっているなら、昼寝をして睡眠時間を確保しています。

4　一般的に有効な方法を知る

驚きの脳のカロリー消費

一般的には、目覚め、眠気が覚めてから、脳の働きが活発になると言われています。まれに、夜遅いほうが、集中力が高まるという人もいます。自分自身の生活リズムや体調に合わせ、最適な時間を見つけることが重要です。

そして黄金の睡眠時間と言われる22時から深夜2時は寝るようにし、睡眠時間を確保し規則的な生活習慣を行いましょう。脳の働きが人の動きをつくり出します。どれだけ長い時間起きて活動していても、最高のパフォーマンスを発揮できなければ意味はありません。脳には、エネルギーがたくさん必要なのです。

脳は、グルコース(糖)を1日当たり350〜450kcal 消費していると言われています。これは、人体の基礎的な消費カロリーの20〜25%を占めています。また、スタンフォード大学、霊長類の神経内分泌について研究しているロバート・サルスキー氏によると、「身体の発達していない子どもになると、さらに大きくなり60%にもなる」とおっしゃっています。

どうして子どもの場合は、さらに割合が増えるのでしょう。それについて、こんな見解もあります。デューク大学の進化人類学者であるダグ・ボイヤー氏は、「体の大きさに占める脳のサイズが大きいと、脳が消費するカロリーの割合も高くなる」と推測しています。

身体を動かすためにカロリー消費が必要なのはイメージしやすいでしょうが、実はこのように、脳も多くのカロリーを必要としています。充分なエネルギーが脳に行き渡らなければ、脳はいい働きができず、私たちのすべての行動の効率が悪くなってしまいます。脳がよい働きができるよう、意識してみてください。

脳に必要な睡眠の質を上げるために気を付けること

ボイヤー氏の共同研究者であるアリアンナ・ハリントン氏は、取材に対し「脳に送られたエネルギーの多くは、神経細胞にあるシナプスの発火に費やされています。このプロセスは、たとえ人間が眠っている間であっても、各臓器の機能を制御するために絶えず行われています」と話し、何もしていない間でも脳が大量のカロリーを消費していることを指摘しました。

夜遅く食事をして寝ると、体は横になっていますが、内臓は働いています。お酒1合を肝臓が分解して処理するには、6時間はかかると言われています。夜18時にお酒を飲んだとしたら、夜中の24時まで分解に時間がかかるということです。

食事は寝る2時間以上前に済ませておくということはご存じの方も多いでしょう。消化にかかる時間は2時間だからです。

睡眠の質をよくするには、お腹を空っぽにし、内臓を休める状態で床に就くことです。腹八分にすることで肥満も防げますし、睡眠の質も上がります。そしてよい目覚めを起こすことができる。いいことだらけです。

消化にはビタミンB群が使われ、B群の摂取量が少ないと脳にB群がいき届かないので脳は休憩してしまうのです。これも、どんな食品が自分に向いているのか試してみてください。私は、疲れてくるとニンニク（含まれているアリシンはＢ１の吸収を助ける）や鳥の肝（ビタミンＡビタミンＢ12が多い）などを食べたくなります。身体が必要なものを知っているようです。

脳には、血糖値を急激に上げる砂糖・白米・白パンは向いていません。いいとされているのは、血糖値を安定させる健康的な糖質です。エネルギー転換にもビタミンＢ群（Ｂ１・Ｂ２・ナイアシン・パントテン酸・Ｂ６・Ｂ12・葉酸・ピオチン）が必要です。

脳に必要な食べ物は次のとおりです。これらは身体にも必要な成分です。

・完全な穀物：オート麦、全粒粉は食物繊維やＢ群を含む
・フルーツ：天然の果糖が含まれている。ブルベリー、バナナ、りんご
・野菜：さつまいも、カボチャ、ほうれん草、ケール

5　役割があるならバランスを観よ

人はいくつもの仮面を使い分けている

時間を有益に使うためのもう１つの方法は、その役割に応じて仮面を変えていくことです。

女性なら、お母さんの仮面、職場の仮面、妻の仮面、自由な自分の仮面。男性なら、お父さんの

仮面、職場の仮面、夫の仮面、自由な自分の仮面。この仮面のことを心理学では「ペルソナ」といいます。

これが偏ると不平不満が出やすくなります。偏るとは、どういうことでしょうか。それは、仮面がいくつもあるなかで、一部の仮面をつけている時間が他の仮面をつけるはずの時間を支配してしまう状態です。

例えば、職場に長くいると職場の仮面をかぶっている時間が長くなり、その仮面を外すのを忘れます。そして、そのまま家庭に戻ってしまうのです。

そうするとどのような問題が起きるでしょうか。自分では、それになかなか気がつかないことが多いです。職場ではストレスが多くても、外では立場上我慢するでしょう。だけどそのまま家へ帰ってしまうと、家族に当たり散らしてしまったり、不機嫌になってしまうということが起きます。

このようなことが起きないように、意識して切り替えることが重要です。会社にいるのか？　家庭にいるのか？　自由な人として存在しているのか？　と言うことを考え、仮面を付け変えていかなければなりません。

切り替えを上手にするには、その立場が終了したときに「仮面を外す」という儀式をしてみましょう。

はずす前に振り返り「今日はたくさん我慢した」「言いそびれた」など口に出して言ったり、ノートに書き出してみることです。仕事が終わったから「会社の仮面ははずし、父（母・パートナー）として「子どもの成長を楽しもう」「パートナーと楽しい時間を共有しよう」と、声に出して言ってみるのです。

ストレスではなく幸せな方向を向くには

仮面を付け変える際に、声に出して仮面を付け変えることを自分に知らせましょう。

しかし、これは急いでいる場合の話。もし可能なら、もう少し丁寧に取り組んでみてください。

次につける仮面を選択したら、まずは自分を自由な身にしてあげてください。

例えば、景色を見て綺麗だなとか、喫茶店でコーヒーを飲んでリラックスタイムにするなど試してみてください。

どれを付けている？

家族

会社

そんなの「ムリ！」という方がおられるでしょう。ではここで、少し想像してみてください。梅干しを口に入れたら、どうなるでしょう？「ジュワー」っと唾液が出てきませんか？

では今度は、チョコレートパフェを口に入れたところを想像してみてください。どうでしょうか？甘くて冷たくて何とも言えない幸せが、心の底から湧き出てきませんか？

気分転換に想像してみてください。おいしいと思うものは、自然に口角が上がり幸せな気分になります。幸せホルモンがいっぱい出ます！

このように、ちょっとした幸せ、おいしいものを想像するだけでも、あなたは自由な身になれます。その反対はストレスを溜めることです。それは自由な自分でいる時間が少ないからです。

大変な役割ばかりしていると、しんどくなります。1日の終わりに、どんな仮面をかぶっていたか振り返ってみましょう。「しんどかった！　よくやった！」と口に出してみましょう。毎日繰り返すことで、修正が効くようになります。

6　けれど、私のこと！

今やろうとしていることが、この3つから来ていたら要注意

イライラしたり、カリカリきたら、なぜそうなっているのか、言語化してみる。自分の「こころ」

と対話をはじめてみてください。そして、その結果をノートに書き出してみます。何度か書き出していると、パターンが見えてきます。

ノートには、どのようなことが書かれていますか？　自分の違う考えを受け入れたくない、見たくない、仕事を押し付けられるのにイヤといえないなど、人それぞれです。

今あるそのことは、自分の意思でやりたいと決めたことですか？　いやそれとも、やりたくないのに自分の気持ちを押し殺して行っていることですか？　それらはもしかすると、我慢、犠牲、義務からきているのかもしれません。

私に相談にくるクライエントさんには、こういう悩みを抱えている方が多いです。

何でも自分がしなければならないと思っていませんか？　期待にこたえなければならないと思っていませんか？　または、誰かに何かを言われる度に人の評価が気になり、そのために行動しているのかもしれません。

しかし、そのように行動を続けているあなた。もしかすると、その行動の判断をする基準は、他人軸からきているのではないでしょうか？

あなたは、あなたです。

何かをしなければならないと思っているなら、ちょっと止まってじっくり考えましょう。「義務・犠牲・我慢」のどれかが、ひっかかっているかもしれません。

過去のデータとは「さよなら」していこう

先ほどおすすめしたワーク、「私は～です」の20個の文書を振り返ってみてください。声に出して読むことを、おすすめします。

いかがでしょうか。我慢、犠牲、義務からきていた自分から、少し解放されましたか？　それは本当に、私の選択なのか、それとも誰かのための選択なのか。自分をしっかりと知り、自分を見失わないでください。

毎日生きること。それは、今日やったことを振り返り、また明日新しい自分を誕生させていくのです。

こんなデータがあります。「1日に脳で考える回数は多くて6万回、その80％の4万8０００回がマイナス思考で95％、つまりほとんど全部が昨日と同じことを考えている！」。

これだと、新しい明日はやってきませんね。毎日が、悲しい繰り返し。そんな人生を生きたいですか？　あなたの人生はあなたが生きなくては、一体だれがあなたを生きるのでしょうか？　過去のデータとは、「さよなら」していきましょう。

過去のデータとは、「子どものころに自分が生き延びるために使って上手くいった方法」です。くれぐれも子どものときにと言うことを忘れないでください。

今のあなたは、大人です！　さあ、ここから1つずつ検証していきましょう！

第3章

今までと同じ時間の使い方なら、一生今までと同じです

1　1人の力は小さい、しかし協力しあえば大きくなる

時間の使い方の質を上げれば人生は変わる

繰り返しになりますが、「生きる」ことは「時間を積み重ねていく」ことです。それは、あなたがどんな時間を積み重ねていくかで、あなたの人生がつくられていくということ。あなたの人生は、あなた次第。そして今この1分1秒が、あなたの人生そのものです。

ではあなたは、どんな人生を生きたいですか？　そうは言っても、人生なんて自分ではどうにもできないと思っていませんか？　もう一度言います。人生は、自分でつくるものです。既に、自分でつくり続けてきています。時間の積み重ねである人生の、この「時間」をどう過ごすかを、考えていきましょう。

そこで、使っている時間の「質」を上げるということを考えてみましょう。時間の流れ方は変わりません。1時間の長さも、1分の長さも、1日が24時間であることも、変わりません。しかし、その時間をどのように使うか、使い方の「質」を変えることで、同じ時間でも得られる結果は大きく変わります。

何かをするときに、1人でコツコツすることはいいことです。集中力も高まるし、やり遂げた後

の達成感もあるでしょう。しかし、達成感をすべてに感じる必要はありません。もしもあなたがなんでも１人でやろうとする人なら、考えを改めてみてください。

物事には、１人でやるほうがいいことと、誰かに任せたり、協力してもらったほうがいいことがあります。すべてを自分がやらないことで、本当に自分が１人でやったほうがいいことに力を注ぐことができます。時間も、かけたいところにかけられるようになります。そのためにはまず、どれが自分１人でやるべきことか、そしてどれが自分じゃなくてもできることなのか、または自分以外がやったほうがいいことなのかを、考えてみてください。これらのことを、混ぜないで分けるということを意識してみてください。

私がやった、パフォーマンスも質も上がる時間の使い方

例えば掃除。私は、トイレ掃除や床の掃除機がけは、お金を支払って専門業者の方にお願いしています。任せることで、綺麗を保つことができることと、体力を温存することができます。掃除が苦手なのと掃除機をかけるだけで、疲れてしまい、その後のパフォーマンスが落ちてしまうからです。

２つ目は、告知文の作成です。文章は自分で考えますが、作成はキャンバスというアプリを使って知人がつくってくれています。その作業が好きだからこそ早い！　私の特徴や言いたいことを汲

んでくれている方なのでレイアウトは丸投げしています。最後に微調整を行うぐらいです。

3つ目は、月に1回、15人ほどで集まって、料理会をしています。最初は買い出しや料理、コップや料理を配るなどの準備から、後片づけまで1人でやっていました。

しかし、何度も開催するうちに参加者の方が、買い物に車を出してくれたり、準備を早く来て手伝ってくれ、後片づけも食器を洗って棚に戻してくれるようになる。自分の負担が大きくなり1人では大変なことを手伝ってほしいとお願いしたら、皆さんができることをしてくださるようになりました。

結果、協力していただき、「ラクラクスイスイ」で、継続することが楽しくなりました。これはどんなことにも当てはまりそうですね。

ポイント1：自分しか、できないことか？　そうでないことか？　選別する
ポイント2：信頼して任せられる人間関係をつくっておく
ポイント3：完全に任せていいのか？　指示どおりの仕上がりを求めるのか？
ポイント4：任せる場合、方向性を話し合う
ポイント5：指示が正しく伝わったか、相手の言葉で繰り返してもらう。言葉にもそれぞれの解釈があるので、すり合わせをしておく。違和感があるときは、できるだけ早い段階で話し合う

2　2つのことは同時にはできない

脳は大量の情報を捨て続けている

忙しい日々を生きているみなさん、あれもこれも同時進行で、がんばっていませんか？　そこには、少し勘違いがあるかもしれません。

私たちは、どれも同時にやっていると思っています。ところが、実は私たちの脳は、2つのことを同時にはできない仕組みになっているのです。

2つのことを同時にできないということは、脳の仕組みを知るとわかります。脳内には1秒間にとてつもない情報がインプットされます。しかし、その情報の99％は捨てられるのです。同時にしているとは勘違いなのです。

脳には左脳と右脳があり、左脳は言語を、右脳は非言語をつかさどると言われています。非言語というのは、ジェスチャー、雰囲気や想像（イマジネーション）、空間認識などです。ここで、ホワイトボードに「レ・モ・ン・を切る」と表示があると想像してみてください。

カタカナの「レ」と「モ」と「ン」と認識をするわけですが、果物のレモンを想像し、そのレモンを切った。そのときに、果汁がしたたり落ちると想像していたら、口のなかに唾液が出てきますよね？　そのとき脳は瞬時に考えていますが、1つひとつの工程を重ねて行っています。左脳の言語野で「レ・モ・ン」を認識し、右脳で「レモンの個体」と言うか「黄色い果実」を描いています。

そして、切るという言葉を脳に伝達するだけで、脳では勝手にレモンを切ってしまっている。さらにそのときの香りやしたたり落ちる果汁を、かじったらさぞかし酸っぱいだろうと次々と想像し、唾液が出るのです。

ただし、この脳の一連の行程も「過去にレモンを見たことがない・かじったことがない・香りも知らない」と言うように、脳内にレモンのデータがないと、ただ「レ・モ・ン・を切る」と認識するだけなのです。私の孫は小学校4年生です。「レモンをかじったらどうなる？」という私の問いに「わからんわ！」と言いました。彼はレモンをかじったことがなかったのです。

脳は、右・左と交互に何度も繰り返すことで反応していくスピードがあがり、慣れるとスキップしていくので瞬時に処理をしていきます（ただしこのときにケアレスミスも起こります）。

情報の単位はバイトという言葉になります。ここからの話は、バイトやキロバイトの単位は難しいのでイメージしてみましょう。

１００人のパーティーの記念集合写真を観て、「このとき、こうだったな。私は野口さんの横にいて、手を上げていた、後ろのほうだった」という記憶から写真を観ているので、自分がどこにいるか、「瞬時にわかった」と思い込んでいます。

目から入る情報は、写真に「この写真は２００キロバイトだよ」という表示があれば世界最小の情報が１，６３８，４００個集まっているものだということで、一瞬全体を観ていると思っている。もしも、記憶がなかったら端から端まで、１人ずつの確認が必要になってくる。１，６３８，４００個の確認⁉　無理ですよね。記憶外のことは削除しています。この辺に立っていたからという記憶でその辺をじっくり見るのです。

実は同時にしないほうがいいことと、したほうがいいこと

もう1つ、同時にしているようでしていない例として、車の運転があります。遠くを見たり、目の前を気にして、ルームミラーやサイドミラーを瞬時に切りかえて観ながら目的地に向かいます。そのときに目に入るすべてのものを情報処理するのではなく、目的に沿って必要なものを脳はピックアップして処理しています。「ながら」で、同時進行していると思っていても、実はやっていることを何度も何度も切り替えてやっているということです。

私は子育て、主婦、仕事、介護など色々なことをしてきましたが、同時にできることはなく、家事をするときは、家事をするモードに切り替えています。まるでＤＶＤディスクを入れ替えるような要領でした。たまにリラックスした音楽をかけ読書をすることはありますが、結果は深い睡眠に入ってしまうことが多かったです。

話をまとめます。脳はたくさんの情報をキャッチしますが、自分の必要なものだけを残し、不要なものを捨てます。そして大部分は捨てています。脳は様々なことを同時にしているようで、実はスイッチを切り替えているだけなのです。そういう意味でも、1つのことを集中してやりきるほうが、いいのです。

ただし、同時にやってもいい例外はあります。脳で「考えること」と、身体で「動くこと」です。YouTube動画を見ながらスポーツジムのエアロバイクに乗ったり、語学の音声アプリを聴きながらジョギングをしたり、人生設計を立てながら歯を磨いたり……。

哲学者、西田幾多郎京都大学名誉教授が、考え事をしているときに、歩いた散歩道が京都の「哲学の道」という散策路になっています。彼は『何かを考えたり感じたりしながら、運動をするという行動のなかでひらめきを得てきた』とありました。著者のなかにも書くことに詰まったら散歩をする方がいました。きっとリラックスすることでアイディアが浮かぶのだと思います。

3　脳を味方につける

1つずつ片づけると、結果は早い

あれやこれや、やることが一杯あるときこそ、1つずつ片づける。

やることがたくさんあるときは、脳内が交通渋滞になっているので、頭に浮かんだことをノートに書き出して交通整理をする。

そして、書き出したタスク（作業）の全体を眺めて、今すぐやるタスクか？　後でいいのか？　優先順位の高いタスクは？　など考えながら、やる順番を決めていきます。

前述したように2つ以上のことを同時にしているのは、瞬時に切り替えているだけで、集中していないし、ミスも増えます。同時に違った2つのことをしようとすれば、結局どちらも成功しないという例えである西洋のことわざ「二兎追うものは一兎も得ず」も、同じことを言っているのかもしれません。

やるなら1つずつ集中し、書き出したタスクのうち、どれからやるかを決め、やりきっていきましょう。

1つに集中すると沢山あってもこれは片づいた！　とやることが減っていきます。これが達成感を生み、安心にもつながって行動の質も上がります。

ポイント1：やることを書き出し、自分の脳に自分で指示する（指示書を自分でつくる）
ポイント2：自分が指示したとおりに順番にこなしていく
ポイント3：全部できなくても1つはできている！
ポイント4：1つずつ確実にこなしていく！

脳を動かす独り言

脳は主語がないと反応しにくい。つまり、反応しないということは行動できないということです。「できなかったら、どうしよう」というような、マイナス言葉も一緒です。「危険です！　危険です！　動かないでください！」というような指令を出します。

血管が「ギュッ」と締まって、緊張状態に入る。筋肉は固くなり、脳に流れる血液も少なくなる。身体全体が縮こまってしまう。

そんなときほど、主語とプラス言葉です。「私は大丈夫、この間もできた！　私はいつもやっているからできる！　できるよ」と、口角をあげて笑顔をつくって、独り言を言う。口角をあげると脳内ホルモンである幸せホルモンが放出されます。笑顔はリラックス効果を生み出し、身体まで伝染してユルユル緩んでいき、行動がスムーズになってうまくいきやすくなります。

脳を味方につけるための独り言は、これらのポイントを意識してください。

- 誰（主語）が、やる（動詞）　例：私が料理をする
- 「を」を使った目的語を明確に　例：私はコピーを部下に任せる
- 脳は、否定的な言葉はわからない。肯定的な言葉を使う
- 脳内の言葉は自分自身の心の声と心得よ（詳細は後述）
- ニコっと口角をあげる！　行動が感情をコントロールすることもできる

4　時間に追われるのか？ 有効に使うのか？

忙しさから心を解放するには？

忙しい、忙しいと、こころ（心）をほろぼして（亡）いる方は、いませんか？　忙しいという漢字を、改めて見てみてください。心を亡ぼすと書きます。時間に追われている感覚があるときこそ、いったん立ち止まり、タスクを書き出すことです。

しかし、究極に忙しいときは、「そんなことをしている暇すらない！」と、脳内で叫んでいます。私も以前はそうでした。

〔図表２　時間管理のマトリックス〕

	緊急	緊急でない
重要	**第一の領域　重要かつ緊急** ・締め切りのある仕事 ・クレーム処理 ・せっぱつまった問題 ・病気や事故 ・危機や災害	**第二領域　重要　緊急でない** ・人間関係づくり ・健康維持 ・準備や計画 ・リーダーショップ ・真のレリエーション ・勉強や自己啓発 ・品質の改善 ・エンパワーメント
重要でない	**第三領域　　重要でない緊急** ・突然の来訪 ・多くの電話 ・多くの会議や報告書 ・無意味な冠婚葬祭 ・無意味な接待や付き合い ・雑事	**第四領域　重要・緊急でない** ・暇つぶし ・単なる遊び多くのテレ ・だらだら電話 ・待ち時間 ・多くのテレビ ・その他の意味のない言葉

私たちのすべての活動を緊急度と重要度という２つの軸によって４つの領域に分けることができる。
スティーブン・R・コヴィー著　７つの習慣より抜粋

「7つの習慣」（スティーブン・R・コヴィー著　キングベアー出版）には、次のように書かれています。

忙しく働く人は、第1の領域で必死に働き、日曜日はゴロゴロと第4の領域にいきます。1と4の繰り返しです。

そこで、第2領域を意識して行動すると第1領域は減るのです。人間関係づくり、準備や計画についてわかりやすく、考えついたら書き出すなど具体的な方法を学び実行してみてください。時間を有効に使いたいなら、まずは第2領域を増やす。準備や計画をすることです。忙しければ忙しいほど、いったん手を止め、書き出していきます。それだけで脳内は、落ちつきます。落ちつくと思考がスムーズになります。

ポイント1：忙しければ忙しいほど、一旦停止

ポイント2：今日、残された時間はどれぐらいかを知る

ポイント3：時間を決めて書き出す

ポイント4：ポストイットに書いて時間のマトリックスの領域に置く

ポイント5：緊急で締め切りのあるものは期日をしっかり見て順位をつける

ポイント6：緊急でないものも時間がたてば緊急になる（来月末締め切りのタスクは来月末になれば緊急になる）

重要なことを「あとでやろうは、バカ野郎」です。今すぐやれないなら、正当な理由があるなら、あとのいつにやるのか⁉　期日を入れておくことです。

平等に24時間あります！

国によってルールや約束事は違います。しかし、誰にでも1日は24時間あります。22時間の国や30時間の国はありません。

つまり、時間という感覚は、自分が主体的に使う時間があると思っているか、ないと思っているかなのです（この感覚は、お金にも通じます）。

時間は世界中、誰にでも24時間与えられています。

主体的、能動的な活動か？　依存的・受動的か？　自分のやりたいことを大事にして活動しているか？　自分より他者を優先していないか？　どうでもよいこと（ゲームやネットサーフィン）に時間を使っていないか？

これらを内観すると、自分が使ってよい時間を他人に譲ったり、何か我慢して過ごしている無駄な時間が多いのではないでしょうか？　生きることは「時間」と述べましたが、時間の内容がどれだけ自分らしく生きているか？　につながります。なので、ここはしっかりと内観してみてください。

5　抱え込むのをやめる

抱え込むからしんどくなる

任されたことを「自分1人でやらなくちゃ」と、抱え込むタイプの人もいます。私も「はい！できます！」と言ってしまうタイプです。

私は毎週月曜日にズームミーティングを開催していますが、そこには40、50代のお母さん中心に、8人前後が参加しています。ここでは、「SOSだせる？」、「むり〜」。「相談できる？」、「イヤあんまりしないなあ」、「やって欲しいことを欲しいっていえる？」、「いやあ〜ほとんど言えないなあ」。こんなやり取りが続きます。

どうして、そうなのか。この理由を考えた結論は、「相手に断られたら、自分が傷つくと思うと怖くていえない」ということでした。

では、どうしようかとワークをはじめ、「では、まず自分の心の声を出してみましょう！」といいました。

ここからは、よかったらご一緒にしてみてください。

用意するのはバスタオルのみです。バスタオルをたたみ、口にあてて手でタオルを上から抑えます。そして、お腹から大きく「あ――」と声を出します。タオルは防音装置くらい音漏れせず、効果抜群です。カラオケボックスに行くには、時間もお金をかかりますが、この方法なら、どちらもかけずに、とてもスッキリします。

さあ本題。抱え込んでいると思われることを大きな声で叫びます！「コレコレって、しんどーいー！　なんで、１人でせんならんねん！」、「人のせいにばっかりしてあんたは、どやさー」、「あんた人のこと、よかね⁉　よかよか‼　なにがよかやねーん‼」など、自分の言葉で思いっきり吐きだすのです。

何かあるけど、上手く言語化できないのなら「ああーーーあーーー」でいいのです。とにかく声に出して思い（息）を吐き出しましょう。

何かわからんけどモヤモヤ、イライラしている方は「あ――」を繰り返すだけでいいのです。明確な回答が出てこなくてもいいし、何か言いたいことが出てきた人は、その思いを言語化して叫びます。

これを繰り返すことで、実際の現場になっても、言いたいことや断りたいことを実現することができるようになってきます。

これにより、自分の権利を主張する。そして、相手の権利も守るという関係性がつくれるのです（アサーティブと言います）。

信じて任せる

時間を有効に使う大きなポイントは、自分がしなくてもいいことは、他の人を信じて任せることができるかどうかです。

しかし、いい加減な人に任せると「頼んだ私があほやった」と言うことになりかねません。相手のいいところを常日頃見つけるようにして、そこにバッチリ合うなら、「ここ得意そうに見えるんだけど、やってもらえるかな?」と相談してみる。対話して合意が形成できれば、「信じて任す」です。

「あなたならできるわよ! お願いね、完璧にできなくてもいいよ」と、上手くできないことを前提に強引に押しつけてはダメです。

もし、合意の上で任せたなら、途中でぐちゃぐちゃ口出ししない。もちろん、途中経過をたずねたり、相手が質問してきたら相談に乗るのはOKです。

6 正しい甘え方を知る

甘え方とは、指定の仕方

私がいうところの甘えとは、「お願いすること」です。SOSを出し、どこが困っているか伝えて協力してもらうことです。

そんなことをいうと、「1人で、できひんのか！」と言われると恐れたり、1人でできないと評価が下がると思う人がいますが、違います。自分を知っているからこそ、タスク（仕事・作業・任務）をしていただけるか発言するのです。

そして依頼は、気持ちを寄りかかるのではなく、タスク内容をはっきりと指定してお願いすることが依頼です。前述のアサーティブに依頼できたら、タスクは早く片づきます。

依頼できたら感謝を伝える。「今回は助けていただいて物事が速く片づきました。おかげさまでありがとうございます。もし、○○さんのことで私ができることがあったら何でもお声がけくださ い」と心を込めて挨拶をしましょう。この声を掛け合うことがとても大事なのです。

家電を味方につける

時間をつくりたい方には、とっておきの方法があります。それは、家電をうまく使うことです。

例えば、電気カミソリの良質なものを少々高くても買って使う。切れ味ヨシ！　時短ヨシ！　食器を洗う時間を食洗機に任せて時間をつくる。洗濯機やご飯を炊くときには予約して行動時間とうまく時間を合わせるといったことです。

手首を骨折したとき食器洗いができなくなり、我が家にも食洗機が登場しました。今までは、「なんでそんなもの使う必要があるのか」と私の脳みそは古いデータのままでした。孫に「僕も3分の2お金を出すから買おうよ、食洗機に入れたら、空いた時間でおばあちゃんが好きなことしたらええやん、体も楽やで」。そういわれて、なるほどと腑に落ちました。使ってみると時間の節約のみならず水の節約までできる、そして体も楽でした。

振り返ると、お手伝いさんを雇えないからと、20万円ほど出してステンレスの多重構造の鍋のセットと電磁調理器とフードプロセッサーを揃え、時短・節約・ほっとく料理など使いこなし時間を捻出していたのだと思い出しました。初期投資にお金はかかりましたが、すぐに回収できました。今でも料理にフル活用しています。

子どもが小さいときに気がついていたらよかったと思う裏技は、野菜を洗ったら丸ごとポイポイお鍋に入れてお水は少なめ、火を入れて煮立ったらひたひたにして煮込んでいく。その時間は1時間から2時間。そうすると、あとで切るのがとても楽なのです。

あなたなら、空いた1時間をどんなふうに使いたいですか？　電磁調理器で時間をセットもできるので、その間に読書や勉強をしています。空いた時間の使い方のおすすめは63ページに掲載している【図表2 時間のマトリックス】を眺めて第二領域に詳細には書いてありませんが、自分が将来にやってみたいことを書き出すということです。できるかできないか判断はせず、まず出してみることの時間に充てて書き出すことを習慣化するのです。

第4章
「時代に流される」のと、「時代に乗っていく」とは違います

1　変化をプラスに捉えるか？　マイナスに捉えるか？

もう一度、自分で決めましょう

「時代に流される」とは、自分の意志や判断に関係なく、世間に流されてしまうことです。他の人や社会全体の意見や価値観に影響を受け、それに従って行動することです。自分の考えや信念を持つ代わりに、他人の意見や社会の期待に合わせて行動することで、個人の自主性や独自性が失われてしまいがちです。

一方、「時代に乗っていく」とは、自分の意思や価値観があり、自分の人生の目的にそって、たくさんある情報から最善の策を選び抜く感覚です。

幼児のころは、「できる」か「できない」かにとらわれず、「やりたいこと」、「好きなこと」、「関心のあること」を選択しました。そのなかで、お母さん、お父さん、先生、周りの人に、「危険だ！」「難しい！」という理由で、「それはできないよ」、「あなたには無理」と、勇気をくじく言葉を浴びせられ続け、いつの間にか冒険することを回避してきたのです。

あなたは、以前の私のように他人の意見や社会の期待に合わせて行動することを無意識に選択しているかもしれません。しかし、今は自分で選択できます。「みんなは」、「世間が」、「一般的には」

という言葉に、縛られる必要はありません。

やってみたら、いいことだらけ！

ChatGPTは、お使いですか？　TwitterはXにかわりました。つぶやくだけではなく決済サービス付きのアプリの導入もされる。もはや、昔のTwitterは消滅しました。パソコンのない時代には考えられないし、決済は銀行に行かなくてもネットでできる時代。文房具店が近所から姿を消したので息子に「不便やわー」と言うと、「ネットで大きい文房具店があるやんか」と返ってくる。アスクルやアマゾン。お気に入りの使いやすいボールペンは、お店で買うより安い。忙しい人ほどネットでできることが増え、時間が節約できる。インターネットバンキングを使うと手数料もＡＴＭより断然安い。

時間制約も少ない。「書店に行こうと思ったのに閉店時間の20時を過ぎてしまった」と嘆く必要もありません。私も時代遅れになるところを、四男が「できない、できないってゆうてたら死ぬまでできひん。手数料も合計でいくらになるか？　行って帰っての時間やバス代考えてみたら⁉」と、今後を思ってのアドバイスしてくれました。

この会話、めちゃくちゃ大事なんです。たくさんある情報のなかで、自分のこれからを考えて取り入れることは「時代に流されている」のではないのです。「時代に乗っている」のです。

2　自分の行動は自分で決める

他者が言うからやる

「他者が言うからやる」、それでは自分の意見はどうなのか？

周りがみんなやっているのは、もしかして、ただの流行？　流行りは仕掛け人が仕掛けていることが多いといいます。自分の意見と違うことでも他者の意見が多いと同調圧力がかかって負けてしまう。

言われたことをやるような受け身な教育を受けていると、そのほうが安心なのでしょう。何か問題や失敗が起きたら人のせいに、できちゃいます。

だけど、それで本当にいいのかな？　人に指示されるのは嫌、自分らしくいたいと言ってはいても、本当にそうできているでしょうか？

他者がやるからやる、言われないことはしないといったことは、みんなと一緒だと問題が起きにくい等、何か隠れた考えが潜んでいませんか？

もう一度聞きます。本当にそれでいいのでしょうか？　あなたは、自分の行動を自分で選べていますか？　決められていますか？

みんながやっているからやる

「他者が言うからやる」に似ていますよね。他者に振り回されている方は、自分がやりたいか？立ち止まって考えてみましょう。みんながやっていても、やりたくなかったらやらない。時には、そんな強い意志が必要です。

これまた古い話ですが、第二次世界大戦中、正岡子規が「君　死にたもうことなかれ」と詠んだ句があります。特攻隊でお国のために死んでこいという風潮のなかで詠んだ歌です。こんなことをしろと言っているわけではないですが、同調圧力などに負けない自分の考えを持ちたいものです。

特に国民性として、今まではみんながやるからという考えは多かったと思います。しかし、それはとっても危険だと私は思います。生活のなかで考えると今の時代でも、子どもは欲しいものがあるとき親を納得させたいときに「みんなもっている」というフレーズを使います。そのとき、親の立場ならどのようにいいますか？

「みんなってだれと、だれ？」と訊きますよね？　子どもは、たいてい3人以上ならみんなといいます。多数決が正しいとも限りません。いじめや戦争の方向へも、はまり込む危険があるかもしれません。

「みんながやっているからやる」という思考から抜け出しましょう。できれば「私1人でもやる」をおすすめしたいです。

3　時代変化のスピードと共に生きること

時代をつかむために学ぶＳＮＳ

情報は数が多くなると玉石混合です。それが今の時代ですし、簡単に情報が手に入ります。だからこそ、いい情報はどこにあるのか？　あなたやお友達は、どこで情報を手に入れているのでしょうか。「何を言っているか」ということも大事ですが、「だれが言っているか」がとても大事です。

私のおすすめはYouTube動画なら論理療法をアメリカから持ってきた國分康孝さん（東京成徳大学名誉教授。２０１８年没）の「國分康孝の談話室」です。心理学の話が中心で、1動画10分ぐらいです。「新・談話室」と合わせると43話あります。生きるうえでの考え方をわかりやすく話されています。参考にしてみてください。

時間の効率的な使い方や、心のあり方が学べるのは、石川和男氏の「時間管理の専門家　石川和男のビジネスパーソン・チャンネル」。この配信は、1動画3分前後です。

野口雄志氏の「笑顔と幸せをお届けする野口しあわせ研究所チャンネル」は、10分前後で人生について語られています。

これから生きていく時代は一体どうなるのか？　関心を持って観ていくことをおすすめします。その根っこは、自分がどう生きるか？　どう考えるかということなのです。時代の変化が加速しているので、私は今のままではダメだと思っています。

どんな時代になるか見据えて学ぶ

時代の速度が速いと体感されていますか？　私の子どものころは、昭和30年代メディアの主役はラジオからテレビに移り変わりました。１９６４年、東京オリンピックが開催されると、あっという間にカラーテレビが普及しました。電話は、まだ各家にはなく珍しいものでした。その電話も固定電話からどこでも使える携帯電話になっていく。そしてパソコンが、１人１台の時代になり携帯電話も１人１台の時代へ。

ＩＴの世界は、急速に変化し続けています。ＩＯＴ（Interenet・of・things）は、家電とパソコンや携帯と連携し、日常生活がより便利になり、帰宅したときには、ちょうどお風呂が沸くような仕組みが整っている。これからも、どんどん変化進化を遂げていくでしょう。

小・中・高校生もタブレットでの授業が浸透してきているし、情報や学びは、サブスクリプションや YouTube 動画になってきています。

何を選ぶか？　誰から学ぶか？　昭和の変化のスピードに比べ、平成は早くなり、令和はもっと早くなっている。

これからは、自分の頭で考えられる人が望まれている。やっと国の教育方針も「○×」ではなく、論述式を取り入れ始めています。みんなが同じ答えを出すのではなく、それぞれの人が自分の生き方に合うように考えていく時代になっていきます。

私が子どものころは、発達障害とか多動だとか引きこもりだとかあったかもしれません。しかし、高度経済成長の時代。みんな生きていくことに必死で、気づかない場合もあるし、兄弟が多く支えあっていた。得意なことをして生きたり、社会のなかでも助け合っていたと思います。

これから先、過去に戻ることができません。しかし、環境問題は使い捨てをやめよう、レジ袋でなくマイバックにしようという流れ。買い物カゴや風呂敷をもって買い物に行ったことは昔話におわっていいのだろうかと思う。SDGsが大事だと言いますが、昔はほとんど土にかえるものを使っていたのです。

先を見据えてといいますが、過去も知っていたら、いいのだなあと思っています（歴史は未来のためにある）。

自分事として、これからどんな時代になるのか、どう生きるか、どう行動するかが大事です。あなたは、どんな未来を想定していますか？　ＡＩがほとんどの仕事をしてくれるなら、あなたは何をしてどういう生き方を選びますか？

４　自分のいいところを引き出して他者との違いを知る

まずは自分を知る

流されず時代に乗っていくにはどうするか？　それは、自分を徹底的に知る必要があります。そうなんです、「灯台下暗し」。人は身近なことには案外気がつかないのです。どうすれば時代に流されずに生きていけるのか、当たり前のように目の前に存在している自分自身、「自分」を知ることが重要なのです。

人は人で磨かれるという言葉どおり、他者との対話も重要です。対話を繰り返し、ときには意見がぶつかりあい、摩擦が起こりそこで磨かれていきます。自分と他人との境界線を引いていくのです。

クライエントさんのなかに、20代後半～30代前半の方がおられます。みんな学校の勉強も仕事もでき優秀です。しかし、日常の生活経験が少ない。炊事洗濯、掃除ができない。ご飯が炊けない、卵が割れない。住民票を取りにいけない、パスポートの申請ができない。お母さまの過保護・過干渉が影響しているかもしれません。

40代、50代の女性で成績優秀な方は、「答えのある」ことを求める。正しいか間違っているかが気になる。学校の点数が優位を決め、また答えのある問題しか解いてこなかった。さらに親のレールの下でしか体験せず、挫折経験も少ないという方もいます。

大人になって、生き苦しいと訴える方が多い。往々にして、人と比べて自分の欠けているところや未熟なところをダメだと認識しへこんでいる方が多いようです。「人と比べる」ことは、その人と自分の「違いが何か明らかに解る」ということです。

比べることは、成長への第1歩

それがわかったうえでの考え方を、ここで一緒にみていきましょう。

職場や仲間内で、何かを企画し行動するときに、「私って能力がない」と、漠然と自分にダメ出しをすることってありませんか？　きっと他者と比べてその方より、できていない自分にダメ出ししているのだと思います。

実は、そのことはとても大事なことです。「比べてかなわないなー」って、思うことのなかで、努力して改善できるところは改善すればよいからです。これを感じない人は、成長することはできません。

しかし、全部が駄目なことはありません。あなたのできることを探してみましょう。

例えば、「あの人みたいに速くできない」と否定的に考えるのではなく、「私は丁寧で慎重に仕事をしている」と肯定的に捉えられる部分を探す。

仕事は速さのみを要求されるとは限りません。正確であることも大事です。速さを求められる仕事は速い方に任せましょう。丁寧に、慎重で間違いがあると困るような業務が得意な人もいます。それが得意なら、そんな内容の仕事を探してみましょう。

そして苦手でも慣れれば速くなることもあります。その人にかなわなくても近づくことはできる。そうすれば昨日の自分よりも仕事が速くなっている。つまり他者と比べるのではなく過去の自分と比べるのです。そうすることで成長している自分がわかります。

また、比べてかなわないことは、努力して改善する。これを感じない人は、成長することはできないと言いましたが、とりあえず、やって見て苦手なら諦めるというのも、１つの手です。

私の友人で、究極の方向音痴の人がいます。右か左かわからず、色んな場所で迷ってしまう。その方は方向音痴を治すことも道を覚えることも諦めました。違う分野で勝負すると決めたのです。

５　人生１００歳時代の自分の位置を知る

私にはあと何年ある？

図表３を見てください。１００歳時代の自分の位置は、どこですか？　あなたの年齢のところにっ

〔図表３　私にはあと何年ある？〕

☆印を入れてみましょう（私の場合★）。

１００歳まで生きるとしたら、残りは、あと何年ですか？

上の直線はそれを「見える化」したものです。私は来年70歳です。１００歳まで後30年。あなたが50歳とするとあと50年。１００歳まで生きるとして、残りの人生は、あと何年でしょうか？

私は残り30年あると思っていますが、実は平均余命は20・４５歳とあります。この差をどう捉えるか？

平均余命とは０歳のときの平均寿命のこと。

１９４７年生まれの男性の平均寿命（余命）は50・０６歳。それが２０２２年生まれなら81・４７歳となりました。

１９４７年生まれの女性の平均寿命（余命）は53・９６歳。それが２０２２年生まれなら87・５７歳になりました。

昔より確実に長生きするようになりました。これは生活の変化、医療の進化などに影響されています。

長生きできること自体は素晴らしいことですが、平均寿命のほかに健康寿命という考え方もあります。健康寿命とは、寝たきりにならず、健康で生活している年齢のことです。健康に生きて、充実した人生を送りたいですね。

ＡＩのできることと私のできることの違いを模索する

自分の人生があと何年あるか。そしてその残った年数のなかで、私たちの生活の割合を大きく占めるようになっていくのが、ＡＩです。ほとんどの職業をＡＩが取って代わると言われていますが、それは本当でしょうか？　そもそもＡＩが得意なことは、何でしょうか？　それがわからないと観ていないオバケに怯えているようなものです。まずＡＩを知ることからはじめなければなりません。

ＡＩと人間の得意なことを比べてみます。

ＡＩ（人工知能）が得意な分野

・データ処理と解析：大量のデータを高速かつ正確に処理し複雑なパターンを発見すること
・繰り返しタスク：繰り返しのタスクを高い精度で実行する。製造業での組み立てラインでのロボットの活用など
・大規模な情報の検索：ネット上の情報を高速で検索し情報を取得する
・自然言語処理：テキストデータを処理して、言語モデルを使用して文章の生成、翻訳、要約など行うことができる

人間の得意な分野

・複雑な問題解決：複雑な問題に対処し、クリエイティブな解決策を考える能力に優れている。特に非構造化（テキスト・画像・音声・動画など）などの問題に対応する際に優れている
・判断と感情：表現は、倫理的な判断を下し、感情を理解し、共感することができます。これは、倫理的な意思決定や対人関係において重要です
・複雑なコミュニケーション：文脈や感情を考慮して伝えたり理解したりすることができます
・独創力と創造性：新しい何かを生み出すアイデアや芸術的な表現、発明などの創造活動を行うこと

こうして比べると、凸と凹ですよね。補完し合っているともいえます。情報処理や繰り返しの作業などは、ＡＩのほうが速くて間違いが少ないでしょう。翻訳などは特に日本語にするときの微妙なニュアンスの問題がありますが、日々進化しているようです。一方、人間が得意な分野をみてください。簡単に書いてありますが、クリエイティブな仕事やコミュニケーションなど自分の脳をしっかり使えることが基本となってきます。「周りのだれかがどうしていた」とか、「みんなこう言っていた」などの意見は関係ありません。自分の意見や考えが必要となってきます。

繰り返しになりますが、だからこそ「あなたはどう考えているのか⁉」が、大事になってくるのです。世間が、人がと言う前に「まず私は」どうなのか？「私はこう思い、こう考える」と、自分の意思を伝えられること「専門性」があるということ。それらを使って行動できる人こそがＡＩ時代を生き抜ける人なのです。

第5章

今までどおりじゃダメ！
じゃあどうするの？

1　どうしてあなたは動けないのか

今までの考えは、過去のデータを参考にしている

何かを始めようとするとき、頭のなかに出てくる言葉は、どんな言葉でしょうか?
「まだ実力が追いついていない」、「もっと勉強してから」、「失敗したらどうしよう……」。
そんなネガティブな言葉が浮かぶのは、すべて過去の体験のデータが邪魔をしているのです。

つまり、変わりたいとか言いながら、変わりたくない無意識のコンフォートゾーンにいるのです。コンフォートゾーンとは、ストレスの少ない居心地のいい環境や精神状態のことです。今のあなたが快適にいられる場所をさします。

居心地がいいから出ることができない。しかし、現状を維持しているだけでは衰退と同じです。社会が変化しているのに、いつまでもここから抜け出さないと時代に置いてきぼりになり、いつしか居心地の悪い場所へと変わってしまいます。

いつも過去を観ている

何を考えても、何を思ったとしても、脳が今までの古い情報のまま更新されていない。それでは、変わりようがありませんし、変わることができません。

情報は、未来から持ってくる必要があります。そのためには、自分のなりたい未来を想像し、欲しい情報を鮮明にすることです。無意識で諦めていませんか？

鎖につながれた小象の話をご存じでしょうか？　大人の象なら、鎖に足が繋がれていても、力が強いので簡単に引きちぎることができます。しかし、子どものころから鎖に繋がれ続け、大人になった象は、抜け出せないと思い込んでしまっている。

成長し大人になり、その鎖を簡単に引きちぎれる力を手に入れていても、そんなことはできないと思い込み、鎖を抜く挑戦もせず、檻（おり）から抜け出せずにいるというお話です。

もし、あなたが現状から抜け出せていないなら、子象のときと変わらないまま、大人になってしまっている可能性があります。

足を引っ張るのは誰？
疑い
恐怖
自分の心
勇気
自信
不安

2　未来を変えたければ、未来を鮮明に描くこと

あなたの最期は？

前項にもお伝えしましたが、何でもできるとしたら何をしますか？　人生をどんなふうに生きたいですか？

質問の仕方を変えてみましょう。あなたは、自分のお葬式をどのようにしたいですか？　誰にも看取られることなく、ひっそりと迎える孤独死？　それとも愛する家族に囲まれて最期を迎えたい？　あなたが後者を望むのであれば、家族が集まる関係性を今から構築することが必要です。

私は、実母と育ての母と実父を見送りました。元夫のご両親も見送りました。この年齢になると、いろいろな方のお葬式に参列してきた経験があります。お葬式とは、その方の人生の総まとめだと思っています。

あなたは、どういうお葬式をしたいのですか？　それが決まれば、生き方が決まります。未来がおのずと決まってくるのです。残され時間であなたしかできないこと、やって嬉しいこと、充実したなと思うこと。それは何でしょうか？

表現してみてください。言葉でも絵を描いてでもいいのです。画用紙に色を塗るだけでもいいの

です。あなたは、何色の人生がいいですか？　どんな気持ち、どんな顔つきの時間を長く持っていたいですか？

未来図のデータから、お取り寄せする

人生を豊かに生きるためには、過去のデータではなく、未来図をつくり、そこから取り寄せてくる感覚を持ちましょう。

「家を建てる」ことを例にあげると、「いいなあ」と思っても、いいなと思う物件の設計図をつぎはぎするわけではありません。それらの情報から、自分の設計図を書いていきます。一回で描けなくても、何度か描き直してもオッケーですね！　私は実際に、家の設計図を大工さんと一緒につくって建てました。こだわりはつくりつけの下駄箱。花を生ける空間を大きくとって、当時住む８人の靴を入れられるようにデザインして、大きくつくりつけでつくってもらいました。

当時８人で暮らしていた家も、今では孫と２人住まいです。大きすぎるかな。ただ、玄関から上がりがまちの高さは、低いのですが、ドアははめ込みでした。同居の母は、その１センチに、つまずくのです。家は30年後を考えてとアドバイスがあり、そのようにしたつもりですが、自分中心でした。二世帯住宅なら、一緒に住む家族それぞれの30年後を考える必要がありましたね。次に建てるときはそこを押さえていきます！

3　あなたの未来はまだまだ広がる

チャレンジからどんどん広がる

一般的に思考は、ほぼ過去のデータで考えているので、前項の「未来図のデータ」からのお取り寄せにはちょっと無理があるかもしれません。

そこで、未来をどうしたいか？　を考えるとき、自分が見たり聞いたり体験したりの幅を広げることが必要です。実は「とっても困る」ということも、改善したいとか未来はこうしたいという強い欲求に繋がります。

どうすればいいか？　今までと違うこと、小さくてもいいので何かにチャレンジをしてみることです。今までと違うので今までどおりでは立ちいかない。そのときに何を加えるか？　どんな工夫をするか？　誰に助けてもらうか？　など考え始めるからです。考えるは言葉で、あなた自身だからです。あなたが拡張していっていると捉えることができます。

例えば、知らないところへ行くとき、普段は電車を利用するけれど途中下車して歩いてみる。そうすると見えない景色が見えてきます。自転車を利用してみると意外と道が狭かったことが発見できたり、車を利用することで渋滞することがわかって電車の有難みに気づけたりします。

普段と違う道をとおる。ちょっと裏道に入ると小さな豆腐屋さんがあったり、文房具屋があったり、麦畑が広がっていたりという発見もあるでしょう。

同じ乗り物でも、各駅停車、快速電車や新幹線。飛行機やフェリー、新たなチャレンジです。移動手段は、インターネットで検索できます。雑誌やテレビもあります。新しい刺激で脳が活性化してきます。

そんな体験・経験が自分を知ることに繋がります。自分を知るとどうしたいかも、だんだん見えてきます。「でも、だって、どうせ……」というネガティブ3種言葉は捨てましょう。小さなチャレンジをしていくうちに自信もついてきます。日商簿記3級の勉強からはじめた高卒の経理パーソンが、2級、1級と取得し、最終的には税理士試験に合格して独立開業する。3級合格という小さなチャレンジをして、最終的に大きな目標を達成し、人生を変えていく。昨日とは違う世界へ。「でも、だって、どうせ」の言葉は、勇気をもって捨てましょう！

達成は失敗とセット販売

「チャレンジしない人」の特徴は、潜在意識（無意識）のなかに「怖い、できなかったらどうしよう」などの、思考があるはずです。達成は、「失敗とセット販売」なのです。難易度が高くなればなるほど、簡単に達成できたのではありません。

2万回の失敗をしたと言われている発明王、トーマス・エジソンは「また、1つうまくいかない方法を発見した」という名言を残しています。

「失敗」という言葉に、あなたはどんな解釈をつけますか？　失敗したらダメだ、恥ずかしい。完璧が求められているのに完璧ではない、親に捨てられる、人からバカにされるなど。今、チャレンジしようとしていることが成功しなかったら、どうなるか、書き出してみてはいかがでしょうか？

ノートに書き出してみると、失敗したからといって命までは取られないし、そんなにダメージを受けるわけではないことに気づくでしょう。

そして、成功するまでやり続ければ、できてしまうのです。やり続けないで諦めたら、その時点で失敗でしょう。ダルマのように、「七転び八起き」です。1歩ずつ足を出せば前に進みます。バランスを崩して転ぶときもあります。転んだら起き上がればいいのです。自分の未来を鮮明に描いて、1歩1歩足を出して進みましょう。

成功している方は、「失敗は、失敗を恐れて何もしないこと」「諦めてチャレンジしないこと」だと知っています。世界で初めて動力飛行を成功させたライト兄弟。しかし、一番空から落ちているのもライト兄弟なのです。何事もことを成している方は、たくさん失敗を重ねているのです。勇気を出してGｏ！　です。

第6章

考え方・解釈はどうなっている?

1 「当たり前」から解放される

「べき・ねばならぬ」を捨てる

豊かな人生の敵は自分自身の考え方や解釈です。足を引っ張っている敵を倒し、あなたの心を縛っている紐を緩めて、幸せで豊かな人生をつくっていきましょう。

そこであなたにお尋ねします。あなたに、こんな口癖はありませんか？　それは、「べき・ねばならぬ」です。この口癖がある方は、根はとても真面目な方なのです。掃除をすると考えるときに「掃除をするべき」だという考えがあると、掃除をしていない自分にも他者にも否定的な感情や批判的な評価を下しがちになります。自分自身に対して、できていないという罪悪感と自己否定が下されます。

「掃除をしたほうがいいけど、できないからと言って自分の価値が下がることはないよね」と、言い替える必要があります（論理療法）。言い換えるだけで、否定感や自己卑下感は緩んでくるのです。また、自分の考えや解釈が正しいという前提に立っていたら、正しさの押しつけになるかもしれません。厳格な両親や上司には「べき・ねばならぬ」という言い回しや語尾を使う方もいます。「べき」を使うと自分を縛ってしまう言葉になります。繰り返しその言葉を聞くことによって、マイナス回路が脳のなかにつくられていきます。それは、自分自身を縛るだけでなく他者に対しても「べき」と押しつけてしまいます。

「ねばならない」も、「べき」と同じです。「ねばならない」と思うと、心が重くなり、行動がとりにくくなります。

「10」することがあるとしたら「10しなければならない」と考えるより、「10やってみよう」と考える。いつまでにどうやってと、計画を立ててみる。ときには、１人でなく誰かに助けてもらうこともいいでしょう。感覚的なことですが、「べき」と「ねばならない」を言葉に出すと、力んでしまっていませんか？　決してリラックスしている状態ではありません。

力むと緊張する、緊張すると血管が締まる、すると血流が悪くなる、脳みそに血が回らず頭の回転が悪くなる、上手くできないのでもっと頑張らなくてはと思う。さらに力んで緊張するという繰り返しになります。まさに悪循環です。「べき」と「ねばならない」は捨てましょう。

当たり前は、感謝が足りぬ

「当たり前」にできていることは、「やれて普通」なのです。私たちはそのことを知りません。わかっていないのです。自分に対しての当たり前は、そのなかに長所や強みが隠されています。ただ初めからそうだったのでしょうか？　初めてのときは失敗したり、うまくいかなかったことを繰り返しやってきたからこそ、今できているのです。その自分にまずは、「よくやってきたね」と言ってあげていますか？　「よくやったね、がんばってきたね」と。

当時19歳の孫が、運転免許を取りに行くのに叔父から10万円を借りました。免許が取れたあと、「ありがとう、10万円の用意ができたし、いつ返しにいったらいい？」というと、叔父は「ようがんばったな」といって返済を拒否したそうです。本人は借りたものを返すのは当たり前だと思っていたので驚きました。「返すのは当り前やしと、おもっていたけど、なんか認めてもらえたようで嬉しかった」と、言っていました。自動車免許の合宿は2週間です。その月のバイト代は半分になってしまう。その後、働いて返すという計画を立てて実行しました。孫ながらよく頑張ったなあ、と思っています。

また、「ありがとう」という言葉も、とても響きました。「ありがとう」は幸せの早道です。親やパートナーや子どもに対して、「やってくれて当り前」と思っている人が多いと思います。いや、やってくれていること自体、気がついていないかもしれません。「どうして私がやらなきゃならないの？」とか、「え!?　私がするの？」とか、周りに「なんでしてくれないの？」など、文句ばかり言う人。心当たりありませんか？　何かしてくれることに対して、「ありがとう」を言っていますか？

私は、「何でも1人でしなさい」と、言われて育ってきました。誰かに何かをしていただいたら、有難いと思うので「ありがとう」といいます。手荷物を「持ってあげましょう」と言われたら、「ありがとうございます」とお願いし、別れ際には「ありがとうございました。助かりました」といいます。私の友人は、「言われるのと言われないのでは、同じことをしても気持ちが違ってくるなあ、感謝の言葉をいう人に、また何かしたくなる」と言っていました。

そうなのです。何かしてもらっても「あたりまえでしょ」という顔つきをされるとわかっちゃうし、私ならもう二度としたくありません。一方、「ありがとう」って笑顔でいわれたら、こっちも嬉しくなるじゃないですか。

得をするとか下心は置いておいて、「有難う」という語源は、「有ることが難しい」。その行為をすることは、何かの難を超えてしてくださっているということです。

「無難」は、逆に何も難しくはない。とおり過ぎていればいい、「事」を起こさなければ無難ですからね。

何かをしてくれた行為に対してはもちろんですが、ここに存在していること自体が有難い。子どもも、ここに生きているだけで、その存在だけで、癒され、嬉しくなって、「ウチの子に生まれてきてくれて、ありがとう」となるのです。

「有難う＝ありがとう」には、４つ種類があるそうで載せておきます。

人にしてもらって…ありがとう！

自然や動植物に…ありがとう！

自分がさせていただいて…ありがとう！

存在そのものに…自分にありがとう！　周りの人々にもありがとう！

感謝の言葉、ありがとう。ぜひ使ってみてください。使えば使うほど、あなたの耳に入ってきます。その言葉をあなた自身がたくさん聞くことになります。

2　あなたの常識は他者の非常識

人が変われば、時代が変われば

常識と非常識の基準は、何なのでしょうか？　自分の解釈やルールがもとになっていることもあるし、国レベルのことも基準になることがあります。例えば、車の走行は日本では左側通行ですが、ヨーロッパやアメリカでは右側通行ですよね。そんなの常識という声が聞こえそうです。しかし、第二次世界大戦敗戦後沖縄は27年間米軍の統治下に置かれていて、走行車線は右側だったんです。しかも、当時は沖縄へ行くのにパスポートが必要でした。沖縄にパスポート！　それが当時の常識でしたが、今はパスポートがないのが常識です。

アルバルト・アインシュタイン（相対性理論・物理学者）が残した言葉に「常識とは18歳までに身につけた偏見のコレクションでしかない」という言葉があります。アインシュタインがいうように18歳までに身につけた常識は、自分が常に考えている思考回路だと言い換えることができます。その思考パターンは育成歴、環境、教育のなかで形成されます。ただ小さいときに無意識で取り入れられてしまったこともたくさんあるのです。そして私たちは、その考えが「当たり前、常識、正しい」と思って行動しています。私は子どものとき、「そんなことも知らないの？　常識でしょ」と言われたことがありました。しかし、「いや〜しらんし……」とか、「私の考えではそれは違う」と思っていたのです。常識とは、それぞれの当たり前、常に思っていることなのだなと考えて過ごしていました。

まさに「身につけた偏見のコレクション」とは、よく言いあらわしていますよね。自分の常識と思っていても相手との育成歴の違いや受けてきた教育の違いなどで相いれない部分もが沢山あるかもしれません。相手から見れば、「ありえへん」と思われるかもしれません。それは、他者の常識の枠を外れた「非常識」と映るのです。夫婦のコミュニケーションミスや対話にならないのは、まさに身に着けた偏見のコレクションから来ているのかもしれないのです。

「男は男らしく」とか、「女は女らしく」と言う時代は、それが常識として通用していました。しかし、これも今の時代は通用しないというより、そんなことをいうこと自体、「非常識だね」となるのではないでしょうか。

自分がいつも常だと思っている意識は常識。でも他者にとってそうではないよ、まったく違うこと（非常識）もあるという認識を持つことが必要です。

上司やリーダーとして、「こんな常識も知らないのか⁉」と、言ってしまうと、やもはやパワハラ発言だと思われても仕方ありません。

常識・非常識問題に対応する傾向と対策

私は、どんなことを常識だと考えているのかを、ノートに書き出します。ふだんから行うようにはしていますが、とくに対人関係で、「イラッ」としたときには、書けることが増えます。実は、これがポイントなのです。

イラッとするということは、「どうしてあの人はわかってくれないの？」とか「なんて非常識な人なんだろう」と思っているということ。つまりまさしく、「自分の常識は他者の非常識」が明確になっている場面なのです。

イラッとしたことを書いてあるノートの右側にイラッの、どこのどの部分かを書き加えましょう。それを見ながら、相手の常識はどこだったのだろうか？　どこがどう自分とは違うからイラッとした？　を考察します。このように、ときには自分の常識を点検することが大切です。ひょっとすると心の底で「〜すべきだ」となっているかもしれませんよ。もしくは「〜は当たり前だ」と思っているのかもしれません。それは本当でしょうか？　あなただけの「そうなればいいな」というマイルールでしょうか？

3 「幸せにしてもらう」は大間違い。幸せは自分で掴むもの

あなたの幸せの形は？

パートナーに幸せにしてもらう。パートナーの出世や昇給が自分の幸せになってしまう。自分の人生より子どもに期待して子どもの成功を目指し、過度に期待し勉強をさせ窮屈にしてしまう。あなたは、こんな状態になっていませんか？　それなら、一度立ち止まってください。自分の人生は「自分が豊かに幸せになる」ことです。

相田みつをさんの言葉に「幸せは自分の心が決める」というものがあります。誰かにしてもらうのではありません。誰かに依存するのでもありません。誰かに期待するのではなく、自分に期待をし、自分の幸せは自分が決めることが重要なのです。

本書の初めに、「あなたにとって幸せって具体的にどんなことですか？」と、問うたところがあります。どうですか？　書き出していましたか？

私の幸せは、70年近くの人生で紆余曲折あり、その1つとして離婚がありました。しかし、離婚した後のほうが幸せだと思っています。そして仲間と一緒に活動ができることは、大きな喜びです。

クライエントさんからは、「会うたびに変化しているし、刺激を受けている」とか、「新しい世界を見せてもらっている」という嬉しいフィードバックをもらいます。

「妙さんみたいに元気でいつまでもチャレンジし続けたいな」と思ってもらえる交流ができています。今の家に天国にいくまで住んでいること。これはピンピンコロリです。私の介護が無いことは、自分も子どもたちや孫たちも幸せのまま過ごせることだと思うのです。育ての母を介護しましたが、本当の親子になれたという喜びの半面、とても大変でした。

他者に幸せにしてもらえると思っていると、「こんなはずじゃなかった……」とか、愚痴や恨み節、不足感、不平不満が出てきます。それよりも「自分の幸せの形」を認識して、どうしたらできるかを本書を読み、掴んでいくほうが充実すると思うのですが、いかがでしょうか？

あなたの掴みたい幸せは、どんなものでしょうか？　お金が沢山あったら幸せですか？　そのお金はどう使うのでしょうか？　ないよりあったほうが便利ですね！　一緒に楽しむ人がいますか？　楽しさ、悲しさ、苦しみ、喜びを分かち合う人はいますか？　嫁姑の関係はどうでしょうか？　嫁姑にあるのは、実は人間関係のみです。

人間関係は、難しいものではない

私と嫁の実話です。次男は20歳、9歳上の嫁は29歳。私は47歳。「世間には嫁姑問題があるけど、私は人間関係だけやとおもうよ。話し合いができるようにしたらええとおもっている」という言葉を次男の嫁に言ったことを覚えています。

また、あるとき嫁が、「そんなこと言われたら、私、傷つきます！」と怒りながら言うので、私はひるまず、「傷は互いにこするから傷がつくんやで。片方だけ傷はつかへんのとちゃう？　私も鉄人28号みたいな超合金ちゃうしなあ～」と言ったら、びっくりした顔をしていました。

その嫁とも、もうかれこれ20年の付き合いです。今では「言いたいことゆうてたなあ。ありがとう。うまいこと付き合ってくれて」と、言ってくれます。私はそこで、「私こそ、へんてこなばあさんに、付き合わせているなあ。ありがとうね」と返答。いつもお互い様、こうしてやってこれました。

そう、よそはよそ。うちはうち。よそと一緒でなければならないなどというしきたりは、一切ありません。あなたと私が対話できているか？　本音の話ができているか？　ということだと思います。

自分に近い人との関係性も見直してみましょう。親子、パートナー、兄弟など。つい甘えが出る関係こそ、意識して自分を律しましょう。当たり前ではないからこそ、「ありがとう」を伝える。「親しき仲にも礼儀あり」とも言いますからね。

「おはようございます」、「こんにちは」、「こんばんは」、「ありがとう」、「ごめんなさい」、「いただきます」、「ごちそうさま」、「いってらっしゃい」、「お帰りなさい」９つの挨拶に心を込めて、しっかりと言っているでしょうか？

もし、「言っていないな」と感じたら、まずは意識し直してみてください。挨拶は百人力のパワーを出します。機械的に言うのではなく、相手に思いを馳せていってみてください。挨拶に心を込めることで、幸せを自分でつかむ女神さまがついてきてくれます！

4　情報過多で迷うあなたへ

それはあなたにとっていい情報ですか？

情報量が多すぎて、どうしていいかわからない。日々多量の情報が流れてきますよね。それもそのはず、平安時代に生きた人の一生分の情報が、今では1日で入ってくると言われています。では、莫大な量の情報とどう付き合うか？　自分の人生の道筋を決めると、必要な情報だけを選択できるようになります。

人生の道筋を決めていないと、色んな情報を拾いにいってしまう、もしくは失敗するのが怖いから迷ってしまう。もっといいものがあるのではないか？　と情報を集めてしまう。そして、「あーでもない、こーでもない」と、堂々巡りをしてしまう。また、自分に自信がない。失敗したらどうしようと思い始めると、マイナスの情報が目についてしまいます。

スマホを持っていると、多くの情報が流れてきます。昔はラジオ、テレビ、新聞からしか情報が入ってきませんでした。スマホやパソコンはあなたが閲覧している傾向や動向を解析し、それに合った情報を流してきます。心配ばかりしていたら「危険だという情報ばかり流れ続ける」ということになります。あなたの脳内の言葉がそれを引き寄せているのです。

アマゾンで買い物をすると、それに付随してこんなものはいかがですか？　と類似品や同じ好みのモノが出てきます。私の場合、京都の老舗の布団屋でセットの布団を買ったら、今はコレがお得！と何度も出てきます。脳のなかには、長い時間、説明されるより繰り返し短く伝えられるほうが定着します。

暗算の九九を覚えたときを思い出してください。回数が多いほうがインプットされるので、何度も繰り返し言って覚えたでしょ？　テレビのＣＭも同じものを何度も見ると脳内に定着します。そして短い時間だけれど、何度も見る情報が、大事だと錯覚しちゃう人いませんか？

ではどうするか？　自分の知りたいことは何かをはっきりとさせておくことです。

先にも書きましたが、人間は思考のうち80％がマイナスのことで、更に昨日と同じことを考えているのが95％というデータがあります。だからこそ、自分がどんな情報が欲しいかと言うことを知って意識しておくことです。

朝からプラスの情報番組って放映されているでしょうか？　お昼はどうですか？　何かの事件やゴシップはプラスの話でしょうか？　そうでないなら「見ない・聴かない・言わない」を心がけることです。

必要な情報は、実はもう知っている

何度もいいます。本書のはじめにある「自分の幸せってどんなものか書き出す」。これは本当に大事なのです。

昼食に何が食べたいか？　という話を例にしましょう。

悪い例：「何でもいい」では、決めにくいのです。そう考えると迷って決められない。

よい例：「初めに目についたお店で食べる」と決めていたら、その店に入って決めることになります。私なら、定員さんに「おススメは、何ですか？」と聞く。「〇〇です」「それをお願いします」と即決。これは、「定員さんのおすすめを食べると決めている」からです。そして自分で選ぶよりハズレが少ないのです。

例えば、ここは横浜、もちろん中華！　と心に決めていた。しかし、商業施設のなかでお店をグルグル見て私が選んだのは「お寿司」でした。お寿司が大好きなんです。でも、横浜なので中華！　中華街へ行く！　と朝から決めていたのですが、その日はとても暑く駅から遠い、そして午後から人に会う。疲れないほうがいいと考えが頭をよぎり、商業施設に中華料理店があるという情報をつかんだ。そこで中華街へは行かず、商業施設のなかでお店を見て回ったところ、中華はあったけど、お寿司が食べたくなった！　と私のおなかが判断したのです。

私はお寿司が好きだと自覚しているので、「やっぱりお寿司を選んだか」と思っただけでした。そこのお寿司屋さんのシャリが、とても小さめだったこともあり、鮨をもう少し頼むか隣にあるお店のエビ焼売（点心）を食べるか考え、エビ焼売を食べました。これは「中華も食べたい」という気持ちがまだ残っていたからです。

つまり、自分がどうしたいのかを決めておくと、それに即した情報が流れてきます。流れてくるというよりは、探しにいく。どうしたいのかがはっきりすればするほど、たくさんの情報のなかから選び取ることが簡単になってくるのです。

情報の選び方

①自分が何をしたいかがわかっている

②自分のしたいことを既に軌道に乗せている、成功している人に聴き情報を集める。やったことないとか失敗した人に聴くと、反対されることが多いので要注意！

5　遠くの親戚より近くにいるおばあちゃん

若者と年配者の本当の想い

「遠くの親戚より、近くの他人」ということわざがあります。緊急事態が起こったときに、遠くにいる親戚よりも、近くにいる知人や職場の人が力になってくれる。近くにいる人たちとの関係性が重要だということを意味しています。身近な人々とのコミュニケーションや協力がとても大事です。そのコミュニケーションが個々の幸福や社会の調和に貢献するといわれています。豊かさにもつながっていきますね。

繰り返しになりますが、挨拶は大事です。「おはようございます。ご機嫌いかがですか」、「朝夕涼しくなってきたけど、日中はまだ暑いですね」などの声掛けです。ご近所とのつながりの始まりです。私は朝、犬の散歩をしています。とおりすがりの人には、私から「おはようございます！」の声掛けをします。声をかけられてびっくりして「おはようございます！」と反射的に返してくださる方は4人に3人くらいです。相手から先に声掛けがあることは残念ながらめったにありません。

知り合いなら先に気がついたほうから挨拶します。その挨拶から少しずつ対話に変化していくのです。

さて、京都ではお嫁に来られて、里に帰らず出産される方も多いのです。そのときは、京都の母かお婆ちゃん的役割で接します。なぜかというと母と子で良好という方は、なかなかいません。そして、今どきはお母さまも仕事をしている方も多いのです。

初めてのお産を実家に帰らず京都で過ごされる方は、それなりに何かがある方が多いです。産後少し落ち着くと子どもと一緒に我が家に来られたり、電話でのやりとりで私との関係に慣れてもらうと、母との関係性にご自身で気がつかれ、改善も起こります。愛された分、聴いてもらった分できるようになるからです。関係性が太くなってきたら、たまには親御さんの代弁もします。私には親の気持ちもわかるからです。

ここで、お爺ちゃん、お婆ちゃんと言ったら失礼かもしれませんが、敢えて言わせていただきます。私も１９５４年生まれですので、私たちという表現で、「私たちが未来を見て楽しんで生きている姿を見せる！　新しいことにチャレンジしていく！　長年得た知識や体験は私の物語として伝える」そのほか、役割はまだまだあります。切磋琢磨して磨いていく覚悟で活き（生き・行き・育き）ましょう。

そして、若い方へ。年長者は決して自慢したいわけじゃないのです。小言も言いたいわけでもないのです。ただ、表現が下手で愛し方も下手なのです。伝えたいことは、「あなたが幸せに暮らしてほしい」ということなのです。ただそれだけ。そんな思いを持っている年長者は多いんです。解っていただけると嬉しいです。

小さいことから自信を持てば、より思い合える

豊かな人生を創る、充実した人間関係をつくることの土台は、自己肯定感と自己受容感から始まります。本当は思い合っているのに生まれてしまう勘違いも、自分の人生が豊かなら、常に余裕を持った視点で相手を見ることができるので生まれません。この自己肯定感と自己受容感を高めるのにおすすめなのは、小さな成功例を重ねることです。例えば、大きなプロジェクトを成功させたとかではなくて、人の発達過程を見てください。

産まれたときの能力を「ゼロ」として、お乳を吸うことはできました。でも排泄排便はしますが、おしめのなかです。その後、排泄排便を知らせるようになりました！　自分で後始末ができるようになりました。そうなのです。小さなことですが、ここからです。赤ちゃんのころは、ミルク（母乳）を貰っていましたが、今、食事は自分ですることができます。料理をつくることも、片づけることもできます。

これらのことをやれて当たり前じゃないかと思うかもしれませんが、ここはあえてできることを

「できる！」と肯定してください。小さくてもいいので、「できていること」を探していきましょう。これも「見える化」が大事なので　ノートに書き出してください。

赤ちゃんのときはできなかった。でも今はできること。幼稚園、小学校、中学、高校……。10代、20代、30代、40代そして50代……。人の役に立ったこと。乗り物で席を譲った。荷物を持ってあげた。道を教えてあげた。集まりの幹事をした。ボランティアをした。募金をした。クラスの役員、仕事でリーダー、自分の専門を教える、困っている人に声掛けした。相談にのった、話を聴いたなど、小さくてもいいので書き止めてください。

50代このころから、「若かったとき、できたこと」が「できなくなっている」と感じることが増えていくかもしれません。ちょっぴり悲しい……でも、あえて探してください。60代・70代・80代ではどうか？

ノートに書くときに、今できていることと、反対のページには年を重ねてできなくなってきたと思うことを書き出してみましょう。可視化することで「捉え方も変わり」、できていることに「気づけること」もたくさん出てきます。

捉え方を変えると、育児の時間が多くて自分の時間が持てないのは、子どもとの時間を大切にしていると言えます。先輩のようにできないのは、今、私も経験を積むとできるようになる成長過程にいるだけ。

速く行動ができなくなったけど、ゆったりと落ち着いて行動できるようになった。食事の量が減ってきたのは、身体が必要な量をわかっている。話すことが減ったけど、ゆっくり、じっくり人の話を聴けるようになった。細かな作業ができなくなったのは、若い人たちに譲っていくことができる。できないことが増えたけど、その分、他者の力を借りることが上手くなった。

こうやって、自分の凸凹を書きしるすと、自己受容感が深まります。

自己受容感とは、「自己評価が肯定的であるだけでなく、自己の欠点や過ち、不完全さに対しても理解を示し、自分を受け入れる姿勢、他者との比較にとらわれず自分を受入れる状態。どんな自分も丸ごと自分だという意識や感覚のこと」です。

ノートの見開き、右と左に「できること・できないこと」、自分の欠点や不完全さも書き出してみることをおすすめします。

6　今あなたには決められる力がある

あなたを守るために禁止令や縛りは必要だった

禁止令がなかったら、あなたは、あの世に召されているかもしれません。禁止令があったからこそ、今ここにいるのです。禁止令とは「何々をするな」と言うことで、親が子どもを心配してのことが多いのです。

例えば、「走っちゃだめ！」、「そっちは危ないから行っちゃだめ！」、「(電車などで）静かにしなさい！」、「暴れちゃダメ！」これは、あなたを思っての言葉だったのです。

赤ちゃんから幼児になるときに、「這えば立て、立てば歩めの親心」といいますが、これは１～２歳のときのこと。３歳くらいになると左右を確認しないで急に走りだしたり、電車や公共の施設で大声を出しはじめます。周りの環境がわからず、やりたいことをやる。親や大人は、その子を思い、「走っちゃダメ！　暴れちゃダメ！　大きな声を出しちゃダメ！」と禁止令を出します。

家の前が車道なら「車がとおるから危ないよ」と、説明をするより「飛び出すな！」と言うでしょう。身体も捕まえて、「飛び出したらダメじゃないか！」となるかもしれません。あなたの命を守るためだったのです。禁止されなかったら、大けがをしたり、命があったかもわかりません。そういう意味では、禁止令はあなたの命を守るためにあったのです。

縛りとは、「こうしなくちゃならない」で、表していると思います。働くお母さんなら、「子どもがいるから早く帰らなくちゃ」、「家事はしなくちゃ」など。そうすることで、役割を生きるということになりますが、多すぎると疲弊してしまいますよね。

ところが、その一方で自由な発想や行動を止めてしまうもの。少し緩めてもいいのではないでしょうか？

「刺激」と「反応」の間で選ぶ

10代のときにはやってみたことも、就職をして、家庭をもって、子どもができると、自分1人ではないとか、いろいろ言い訳をし、何かしようとをするときも躊躇して、最初の一歩が踏み出せないときってありますよね。

何をするにも自信がなく背中をおしてほしい。誰かに「いいよ」って、いってほしい。そんなとき、自分で自分に言いましょう！「いいよ！」って。

もう、親の許可も誰の許可もいらないのです。他者からの許可ではなく、自分で自分に許可を出しましょう。やりたいことをどんどんやっていきましょう！

仮に周囲の目が気になって、最初の一歩が出てこない。赤ちゃんを例に出しますが、「いま、ここで泣いたら迷惑かなあ」と思う赤ちゃん。「ニコニコしとかな、ブアイソウっていわれるかなあ～？」と考えている赤ちゃん。「おしっこ、でそうやけど、がまんしとく？」と我慢する赤ちゃん。そんな赤ちゃんはいないですよね。赤ちゃんは、いつも自然体で生きているのです。

しかし育っていくうちに、何やかや外から言われ、気をつかいだし、周囲の目が気になり……知らずしらず今の状態になってしまった。

大人になっていくうちに、「刺激に反応する方法」を身につけてしまったのです。「刺激」から「反応」、この間には選択する自由があるんですよ。

幼いうちは、周囲の影響を大きく受けてしまうことは否めません。しかし、大人になった今、あなたはあなた自身の頭で考え、状況や状態を見ながら判断することができます。「刺激」に対する「反応」を自分で決める、選択することができるのです。

私の失敗談です。ＳＮＳの投稿でクイズ形式だったので答えをそのままコメント欄に書いてしまったことがあります。それは、ほかの方が考えるというチャンスを奪ってしまうということです。「どこにありますか？」、「だれと行ったでしょう？」というクイズ形式のときは、「見つけました！Ａさんですね」と正解がわかるようなわからないような遊び心で書き込めばよかったのです。続く方もそのような回答をしてくれたと思います。

私の書き込んだズバリ正解のコメントに、投稿者の方も「困ったなー」と思われただろうけれど、苦情はありませんでした。「だめだこりゃ」と見放されたかと心配にはなります。でも、失敗したからと言って、もうコメントをしないと決めてしまうのはいかがなものでしょうか。失敗だったなと思ったら、次回は改善する、先方に謝るなど、対応策を考えることで成長していきます。刺激への反応は自分で決められるということです。

解釈の仕方で１８０度。人生が変わる

こんな歌があります。『手を打てばハイと答える　鳥逃げる　鯉は集まる猿沢の池』猿沢の池（奈

良県）のそばにある茶店で、ポンと手をたたいて注文をお願いした客に、女中は、「はい！」と答える。鳥は鉄砲かと思い飛び立って逃げる。池の鯉は餌がもらえると集まってくる。同じことが起こったとしても、三者三様の解釈の仕方がある。

もう1つ、自己啓発セミナーなどでおなじみの「コップに水が入っている」話。コップに水が半分ほど入っていると想像してください。それを見てどう思いますか？ という問いです。「もう半分しかない」、「まだ半分ある」解釈の仕方は分かれます。

また、挨拶をしたのにAさんは挨拶をしてこなかった。「私、何か悪いことしたのかなあ。ドキドキ心配になる（自己卑下タイプ）」、「聞こえなかったのかな、何か考え事でもして歩いていたのかな（自己肯定感タイプ）」

この捉え方の癖が人生を大きく分けるのです。何かが起こったとき、予期せぬことが起こったとき、「なんでこんなことに、ついてないわー」、「なんでこれが自分に起きたか？ チャレンジ精神の強化練習やな！」文句をいう、人のせい、環境のせいにするのか？ 起こる現実を直視し、観察し、よくなるアイデアや情報を取り入れてさらによくなるように行動するのでは大違いなのです。

そしてあなたに起こることは、あなたに解決できることしか起こらないのです。期日が早まってどうしようと思ったとき、今後早めの取り組みで繰り返さなくなります。何か依頼されることは期待されているのでしょうね。できることはやってみる。できないことはお断りもオッケーです。

第7章
「悩む」と「考える」は似て非なるもの

1　まずは「悩み」を知る

「悩む」と「考える」の違い

「悩む」と「考える」は、似ているようで違います。「悩む」とは、ある問題について、心配や不安を感じている状態です。結論を出したいのですが、感情的なことが強く絡むので、答えを出すことが難しく、心のなかで葛藤が生じます。

「考える」とは、ある問題について、冷静に分析し情報をもとに判断をすること。理論的な思考をもとに情報を整理し、答えを導き出そうとすることです。

例えば、

Ａ：あの人と付き合うことを悩んでいる。

Ｂ：あの人と付き合うことを考えている。

Ａの場合、付き合うことへの躊躇だったり、部分的にイヤなところがあり、どうしようか、何かが起こりそうで、どちらかというとマイナスな予感です。

Ｂの場合、どうやって付き合っていくか。付き合うことに前向きでうまくいくには客観的にどうすることがいいのかなと、もう意思決定はあるという状況です。この章ではＡのように「悩む」ことへの解決法をお話しします。

悩むとは、富士山に霧がかかっているような状態です。あの辺に富士山があるはずだけれど、天気が悪くてよく見えないとき、「このへんだったかなー。いやこっちかな」とハッキリしない、でも気になる、そんな感じのことってありませんか？

そんなとき、どうしますか？「わからないからまあいいや」で、済ましているといつしか、富士山近くだろうというときに同じことがおきませんか？「このへんだったなあ……あっちかな、こっちかなあ」って。富士山の位置をはっきりしたいなら、グーグルマップで検索する方法を知っていれば、解決します。自分の位置と富士山の位置もわかります。これはきっとこっちのほうだという感情的な曖昧さではなく、自分の位置がわかるので、それを使って方向を知るということです。

気になっても、「ま、いいか」と過ぎると、必ずと言っていいほど同じことが後々出てきます。浮かんでは消え、また浮かんでは消えるという状態です。浮かんでは消え、また浮かんでは消える。気になっているんですよね。

でも「ま、いいか」とすましているのは、本当に解決したいのでしょうか？

悩みを解決したいなら書き出そう

何か考えが浮かんだら、とにかくノートに書き止めてください。言葉は音です。音は消えるので消えないように書きとめる。解決したいことは、なおさら書き出します。そのとき感じている感情も書き出します。

不安と言うものは「小さな気がかり」で、「ま、いいか」と放置していては少しずつ心の底にヘドロのように溜まっていくのです。もしくは、絡まって大きく育って、そして「なにか不安」となります。だから、小さな気がかりを1つずつ書き出してみてください。小さな気がかりなら、対応可能なことが多いので、1つひとつ片づけていきましょう。

とくに書いておくといいのは、朝忙しい時間の「やることリスト」。前日に書き出しておくと、頭を使わず、それを見て進めていけばいいし、抜け漏れが防げるので安心ですね。あれもこれもと、脳内だけでやろうとすることを考えていると、脳内の危険信号をキャッチする偏桃体が過活動してバタバタしだし、パニックになってしまいます。

2 悩む時間が減ると、有効な時間が増える

最高の時間有効活用法は、自分で決めないこと

AかBかを選択するとき、悩んでいる状態は先ほど書きましたが、感情的に絡まっている、もしくは葛藤している状態では、脳だけでなく心も疲れてしまいます。

だから解決しても、その後ドッと疲れが押し寄せる。「休憩したい」と、一息が1時間過ぎることもある。できない自分にへこみ、自分を責める。モチベーションが下がり、休憩し、へこみ、自分を責める。グルグルとした悪循環が始まります。

私が今一番悩ましいのは、本業と畑仕事の両立です。小さな庭を借りて夏は夏野菜、冬は冬野菜をつくっています。無農薬ですから、体によくてみずみずしく美味しい。けれど、それだけをやっているわけにはいかず、メンタリングと執筆など、パソコンを使ってまとめたり，創作活動をしています。

脳は午前中がよく働きます。しかし、ここで天気が問題なのです。特に夏は涼しい間に畑のことをすませたい。ところが、座ってパソコン仕事に集中する時間帯も、午前中がベストなのです。雨降りなら、畑仕事はしませんが、降るか降らないか怪しい天気だと、外での仕事、室内での仕事、どちらを取るか迷うときがあります。

そんなときは、悩んでどちらも手につかず、気づいたときには、何もしないで10分、15分と経過しています。

そうすると、できない自分にへこみ、気持ちがなえて、自分を責める。

こんなとき、私が使う方法は次のとおりです。

①紙を2枚用意して、1枚目に「朝」、2枚目に「昼」と書く

②両方の紙をそれぞれ4つに折る
③4つ折りした2枚の紙を袋に入れ、フリフリする
④選ぶ前に心で「畑仕事はどっち?」と3回唱えます
⑤どちらかを掴む

今朝は、「昼」という紙を引きました。畑は昼からと決まると必然的に室内の仕事は、午前中に集中できます。昼からの動線もはっきりします。すると、思いわずらうことなく、朝の行動が開始できます。

紙に書くのが面倒なら、コインを使うという方法もあります。私はコイントスが上手くできないので、こんな方法です。

10円玉を用意し、平等院の絵柄がでたら「朝から」、10円と刻印しているほうなら「昼から」と決めておきます。10円玉を机の上に立て、人差し指で上から抑え、反対の人差し指でデコピンのようにはじきます。10円玉は回り、回転が遅くなり、最終瀧にパタンと倒れこみます。倒れた後に表になる側に決めます。

このように迷っているときは、ゲーム感覚で、どちらかを選ぶ。悩んでいるよりも、どちらでもいいので決断することで、行動をすることができ、心も脳もすっきりします。覚悟を決めてやろうというエネルギーも湧いてきます。

「出せば入る」でとにかく出す

「出せば入る」のです。いっぱい詰め込んでいるともう入らない状態になるのです。溜め込むということが「滞る」につながります。お金と一緒で溜め込むより、上手な使い方がいいのです。手放したら、もっといいものが入ってきたなど、エネルギーは循環しています。

悩みは、どんどん出していきましょう。これも、ある意味エネルギーを使っているのです。宇宙のエネルギーは循環しています。宇宙の法則にしたがうと運気も上がります。行動することでさらに有効な時間が増します。

問題や課題に直面したら、すべてノートに書き出します。プラスのことだけでなく、マイナスのこともすべて、気がかりなことまで書き出します。

優先順位がわからない　↓　期日に出せるか？　↓　守らないとどうなる？　↓　死にはしない　↓　連絡は必要か？　↓　断りの電話は入れにくい　↓　対面か電話以外の方法は失礼だ　↓　それほんま？

お祝いはお会して伝えたほうがいい　↓　それとも電話がいい　↓　案件に期日があるか？　↓　一番期日が近いのはどれ？

時間のマトリックスの図表２（63ページ）を見ながら優先順位をつける。そうすることで順番が決まりそう。

書き出したものをじっくり見ていると解決の糸口・順番が見えてくる

よい氣の家が欲しい　↓　よい氣の家だと人が集まる　↓　料理教室がしたい　↓　本を読む空間が欲しい　↓　居場所　↓　部屋の掃除　↓　〆切3月10日企画書　↓　5月イベント準備　↓　小学校役員会　毎月5日　↓　火曜金曜ごみの日・水曜缶ペットボトル、木曜プラ回収

これらを大きく分けると3つ。

1週間の「ゴミの日」など決まった予定。月のカレンダーに書けるスケジュール、そして将来の夢・ビジョンに分けられます。ゴミの日は毎月のカレンダーに書き込んでもよい。するとカレンダーで管理する方法が浮かぶ。将来の夢はじっくり大きな紙に書き出して眺める。

居場所はどんな居場所？　何人くらい入るのか？　料理教室ができる大きな台所と本を読む場所がほしい。家の設計はおいおい考えるとして……など書き出すことで視覚化でき整理したり深く考えたりできる。

例えば、時間がないと目先のことを一生懸命こなしているけれど、なかなか終了しない。書き出した一覧をじっくり眺めて観て。床の拭き掃除のときに脚のストレッチがてらにやる。入浴時、濡れないように本を持って入って読む。人生の目的に沿っているかどうか考えると今しなくていいこともある。あなたも書き出した一覧を分けてみてください。目先のことばかり近視眼的に見るのではなく、少し俯瞰して観るといいかもしれませんね。

3 気持ちよく短時間で行動する

まずできそうなものから取り掛かる。5分・5分だけ

具体的に書き出した後はどうするのか？ できそうなものを1つ選び、時間を区切ってやる。前述したパーキンソンの法則。与えられた時間はすべて使ってしまう法則です。

まずは、始める時間を決めて、5分やって終わる。5分やればやめてもいい。続けたいなら後5分。タイマーを利用する。これならできそうですよね。気乗りしなければウルトラマン気分で、たった3分だけでもいい。

人に来てもらいたいなら、苦手でも避けてとおれない部屋の掃除。気が重たいけれど、5分ならできるかもと思えれば、もうこっちのものです。

まずは玄関の掃除。靴を片づけて除菌シートで拭くくらいなら3分でできます。5分あれば、さらにその周りも手が伸びます。簡単で単純なものは、3分もかからないかもしれません。そうなると、勢いがついて、「もう1つやってみようかな」と、思うようになるのです。それもできたら、そう、どんどんやりたくなっちゃうんです。家の掃除から、不要なものを断捨離。慌てずに一部屋ずつやる。できそうなものから取り掛かる理由は、難しくて時間のかかるものは何から始めたらよいかわ

からなかったり、始める前に準備が必要だったり、かなり体力がいりそうだったり、始める前にあれこれ考え、最初の一歩が踏み出せないからです。

まずは5分でいいのです。できそうなことを、時間を区切って、やっていきましょう。

「イヤイヤやる」のは、もうやめよう

どうも、気が進まないけどやらなければ。本当はしたくないんだよなあ、やらないと怒られるからなあ、そんな風に思いながら、やっていませんか?

気の進まないことをしている途中で、高校時代のアルバムが出てきて見入ってしまったり、本棚にあった雑誌を読んでしまったり、引き出しをひっくり返して、余計な雑用が増えたりすることってありますよね。

こんな状態のとき、実は、マイナスの波動を引き寄せているんです。イヤイヤが、心のなかからイヤなオーラを出しているんです。よかったら、試してみてください。童謡「桃太郎」の歌詞、わかりますか? 著作権の問題があるので、詳しい歌詞を載せられないので、内容だけいうと、「桃太郎さんのお腰につけた、きび団子を、1つ私にください」という歌詞です。イメージがわかない方は、YouTubeで「桃太郎　歌」を検索して視聴してください。

この歌詞の、「もーもたろさん、ももたろさん♪」の箇所を「あーりがとう、ありがとう」に変

えてメロディーにのって歌うのです。歌っているうちに、イヤなことを忘れてしまいます。そして何より、「豊かで幸せになる」一番の方法のオーラが出てくるのです。「イヤだなー」とマイナスに思っていた気持ちがどこかへいってしまいます。

もう1つ方法があります。イヤだと思うことがやり終わったその先に、どんないいことがあるでしょうか？ それを想像するのです。すると、掃除ならピカピカに片づいた部屋。資格試験の勉強なら合格という称号、会社に必要な専門書を読んだらスキルアップなど、楽しい未来がまっていると思うと進んでできるようになります。

4 失敗を味方につける

決断しないのは、失敗が恐ろしいから

決断しにくいときってありますよね。私もあります。私の場合は体力に関連しているときです。あなたは、どんなときに決断しにくいですか？

「やるっていったものの、できるかなあ?」、「できなかったらどうしよう……」、本当にしたくないものもありますが、なかには、やってみたい気持ちはあるけれど、評価が気になって躊躇しているものはありませんか？

つまり完璧でないこと、他人から自分はダメな人と思われることに恐怖を感じていることはありませんか？

しかし、決断しないことが一番の失敗です。やるにしても、やらないにしても決断する。「やらない」と決めて後々【やっておけばよかった】と後悔することは、「失敗」と言えばそうですね。「やる」と決めても、自分の思いどおりの出来栄えじゃなかったら、それを失敗という人もいるかもしれません。

大事なことは、失敗はこの世の終わりでないということ。そこから、どれだけ学び起き上がれるか。私自身もこうして「失敗から大きな学びになる」と書き綴りながら、自分を勇気づけしています。

失敗しながら達成に近づく

自転車にはじめて乗るとき、何回こけたでしょう？　補助輪がついていて、それでも怖くてゆらゆらして……。そんなことを覚えていますか？　何度やっても上手くいかないけど、乗りたくて何回も何回も練習したあのとき。

ピアノを弾く人は、いますか？　はじめから上手くなんて弾けません。片手ずつ弾いて両手合わせて、おおよそできても何か所かうまく弾けない。特に左手の薬指は思いどおりに動いてくれないですよね。しかし、何回も何回も練習して、「あっ！　一曲とおして弾けた！」というとき、何ともいえない喜びが待っています。ギターもバイオリンもクラリネットも同じです。

赤ちゃんの話に戻ります。這えば立って、立ったらこける。おでこを打ってたんこぶができてもまた立ちあがる。歩きはじめたら、ドテッとこける。こけても、こけても、立ち上がり歩こうとする。両足で立っていたら、安定しているのに、わざわざ片足に体重乗せて、反対側を踏み出す。バランスを取りながら、「おっとっと」となる。見ているほうもドキドキだけど、本人は何度も繰り返している。そうやって、こけたりぶつけたりしながら、歩けるようになっていく。歩けるようになった、その努力を私たちは忘れているだけ。

覚えていたら、失敗しながら上手くなるのは当たり前だと認識していることになるから、これから何度も挑戦できますよね。何度も繰り返しチャレンジして成功したことを忘れているだけなのです。あのときできたことが、今できないわけがない。失敗したらどこを修正するか振り返る。そして、それを活かして、やってみるのです。

失敗したらどうしよう

失敗してもいいのです。何度も繰り返しおこなえばいいのです。失敗しても命までは取られません。完璧に仕上げたい、１００点満点になりたい、１００点じゃないと失敗だという考えがどこかにある人もいるでしょう。小学校のとき、できなかったところを直せとか、ここができていないとか、減点方式のルールが身体にしみ込んでいるだけなのです。

先生は、受け持ちのクラスの平均点が高いと評価されます。もちろん生徒に１００点が多ければ高評価につながります。つまり、点数が低いと先生の教え方に問題があると学校での評価は下がります。そのため、先生は自分の評価も気になるし、生徒の学力も気になるのです。

「○でなかった×のところは、ここは今の時点では、まだわかっていないんだね」というだけで、後でわかればいいいんじゃない？　わかったところまでの確認をしよう。そんな先生だとまた次へ行こうという意欲になりそうです。減点方式とは字のごとくできないところを減点していく方法です。正しい答えじゃないと点数を引いて行くわけです。それも学んだほうだけが引かれていく。

私は、理解できるように教えることが大事だと思うので、この減点方式は片手落ちだとおもいます。加点方式はゼロからの出発でできたことを評価するのです。こちらのほうが両者意欲を出すのではと思います。学校の先生も子どもたちの親もほとんどこの減点方式で９年間以上学んできているので脳にはしっかりハッキリ回路ができてしまっている。自分の脳がそのような回路を持っているということを自覚することで改善の可能性があります。減点方式から加点方式に変えると決めて生活するということです。

まずは自分のことを加点方式で見ていきましょう。本のなかにも何度も書いていますが、赤ちゃんの這えば立て立てば歩めとしてきたこと。行動と失敗はセットくらいに捉えてみましょう。

第8章
この章は他言無用！

1　自分がどういるかで毎日は変わる

Iメッセージは愛メッセージ

この章は、「マル秘情報」です。内緒の話です。鎧を着て、いつも戦闘モードだった、以前の私の恥ずかしい話だからです。

猫なで声で「私、できなーい」と言っている女性を見ると虫唾が走り、さらにそこへ「僕が力を貸してあげるよ」という男性を見ると、またまた虫唾が走るという私でした。

だけど、そんな時代を経てきた私だからこそ、ここで言えることがあります。

「オンナの武器」を使わずに甘えることが大切です。一言でいうなら「お願い！」です。

例えば、夫婦でお互いを快く思っていないとき、不平不満が出ますよね。ゴミを出す日にゴミを出してくれない。そんな些細なことでも、仲が悪くなった夫婦にはケンカの元になる。そんなとき、

A：不平不満ぎみに「あなたゴミくらい出していってよ！」と言うのと、

B：にっこりと「ゴミ出し甘えていいかな〜。出してくれたら助かるわあ」と言うのとでは、どうでしょう。

ゴミを出す行為には変わりありません。しかし、Aの場合はＹｏｕメッセージで相手のことを言っ

ているのに対し、Ｂの場合はＩメッセージで私のことをいっているという違いがあります。

働く女性としては、子育ても仕事も家事もして、少しは手伝ってほしい気持ちになるのは、よくわかります。だから「してくれないこと」に腹を立てるのは当たり前。しかし、ここは１つ「甘える」ということをやってみてください。

Ｉメッセージ、私は「愛メッセージ」と理解しています。男性は、甘えられると「がんばろう」と思う傾向にあります。男性ではなくても、人は誰かの役に立ちたいという気持ちを持っています。そして役に立ってくださったときだけではなく、その人の存在に、「いつも感謝している」という「ありがとう」の気持ちを伝える。そのことが、後に「してほしいことやお願い事」につながっていくのではないでしょうか。

どんな人が好きですか？

一番大事なのは笑顔です。そして横柄ではなく謙虚、丁寧、品がいい、明るい、そんな人です。簡単にいうと愛されキャラ。あなたが一緒にいたいと思う人に、あなたがなることです。あなたは、どんな人と一緒にいたいですか？

暗いのはイヤ。ただ、明るいといっても騒がしいのは困る。自分の話ばかりしている人より話のキャッチボールのできる人がいい。知らないことは、「しらんし～」ではなくて、お互い調べたり興味を持って一緒に調べたりできる人。食事は、好みがあうといいな。なんでも美味しそうに食べる人がいい。ご飯粒を残さず丁寧に食べる人、外食するときは店員さんに横柄にならず謙虚で、ありがとうと言えて、箸使いなどのマナーができる人。

そんな人がいいと思ったら、あなたもそんな人になるといいです。そうすると同じ波長の人が集まってくるので、一緒にいたい人に出会うことができる。

余談ですが、美味しく食事をしている人を見ると、男女問わず、嬉しいものです。女性である私は手づくり料理を振る舞って、美味しそうに食べてくれる男性が好きです。

男性も原始時代、自分が獲ってきた獲物を、女性が美味しそうに食べたら、命を懸けて捕えてきたかいがあると思い嬉しくなっていたはずです。今でもそんな遺伝子の名残があると思っています。

2　自分の今と昔を丁寧に見る

自分がやってきたこととやってもらってきたこと

笑顔で「ありがとう」と、伝えること。そして自分に非があるときは、「ごめんなさい」が言えること。これは、自分1人の努力でできることです。そうです。「おはようございます、こんにちは、こんばんは、お久しぶりです、いかがお過ごしでしたか？」をはじめ、「いただきます、ごちそう様」、

「ありがとう、ごめんなさい」など。

西洋の方も、「や～！」って、ご挨拶しますよね。まずは、自分をご機嫌にしましょう。誰かにご機嫌にしてもらうのではなくて、自分で感情のコントロールをするのです。これだけでも、いい感じになります。そして、自分と親との関係性を見てください。この時間をぜひつくり出してください。

吉本伊信氏が創り出した方法で「内観法」といいます。

・してもらったこと
・して返したこと
・迷惑をかけたこと

この３つについて振り返る方法です。

０～２歳（乳児期）、３～５歳（幼児期）、６～12歳（学童期）、13～15歳（中学生）、16～20歳（青年期）、21～29歳、30代、40代、50代、60代、70代、80代。各年代に分けて、お母さんについて、前記３つを考える。次はお父さん、お爺ちゃんと、お婆ちゃん、姉や妹、兄弟たちというように、１人ずつ振り返る。ゆっくり観ていくと多くの気づきを見つけることができます。

自分を動かす言葉の使い方

自分の脳と言葉を上手に使いこなしましょう。脳は、否定語を理解しません。否定語を使うと、脳はわからなくなると言われています。脳に活躍してもらうには、肯定的な言葉を使い、できるだけ動詞を使う。そして主語も必要です。

「誰が何をするか」という、単純な言葉で考えるとサクサク物事が進みます。これは脳の特性をいかすことです。

子どもが「おかあさん、お茶」ということがあります。これは、お母さんに呼びかけている「おかあさん」がついていますが、自分の行動としては「お茶を飲む」です（決して《お母さん＝お茶》ではありません）。その文章に主語をつけて「私がお茶を飲む」とすると、自分の身体が動いて、能動的な行動をしている自分の姿が浮かびませんか？　そして自分でお茶を取りに行くようになる。そうなのです。自分で動くようになるのです。

私が（は）という文章を書く。私が走る、私が掃除をする、私がご飯を食べる、私が旅行に行く、私が仕事をする、私がコピーをする。こんな感じで「私」を主語にすると、誰が何をしているか映像としてありありと浮かぶのではないでしょうか。すると脳はそのように働き出すのです。

そして、言葉の特性は音です。発した瞬間から消えてしまいます。ですから、メモでもいいので文字にして「見える化」してください。

脳を味方につけるために記録する。これはノートを上手に使いこなすと、時間の管理、お金の管理、いろいろできます。

３　言葉でつくっていくあなたの人生

弱みを見せられる人間関係づくり

弱みは見せたくないですよね。そのため、いい恰好をしたり、飾ったりしてしまう。鎧を着て、強そうに見せたり意地を張ったりしてしまう。いい格好するんです。そして自分でつぶれるっていうか自爆する。そんなことをしていたら、相手も同じようにするか、または「どこか破れていないか」なんて、つついたりしてくる。イヌやネコが、人にお腹を見せている状態は、弱みを見せている状態なのです。つまり、安心しているし、そうするとこちらも信頼されていることに嬉しくなり、可愛くみえてくる。

「弱みを見せる」ことは、できないことを「できない」と言えることでもあります。できないから助けて欲しい。こちらが助けることができるのは、助けてほしいとＳＯＳを出してくれたときなんです。言葉にしないと伝わりません。まずは、あなたが弱みを見せること。もちろん勇気がいるとは思います。助けてと弱音を吐いたら、能力がないと思われないかとか、ダメな人だと思われないかとか、評価が下がるのではと、気にしてしまうかもしれません。そこを思い切って言ってみる。そうすることで助けてくれる人が現れます。

自分から開示することを心理学では自己開示といいます。人間関係は、どこまでいっても「自分から」の自己開示です。そして、今まで書いていたこと「ありがとう、ごめんなさい」などの挨拶で、丁寧な人間関係をつくっていけば、弱みを見せられる関係性が構築されて行きます。

前提は「自分に弱みがあっても大丈夫」と思えることです。完璧な人はこの世にいません。完璧なのは神様だけです。強がらず弱みを見せては、いかがでしょうか？

動詞をうまく使って、自分も他者にも働いてもらう

ここは脳との関係です。脳は、否定語は認識しないと先ほど述べました。そして動詞を使うとよく働くのです。脳から指示命令をするときに、名詞を繰り返すのと動詞の繰り返しと感覚が違うことがわかると思います。

例えば、「洗顔」と言うのと、「顔を洗う」と言うのとでは一緒ですか？「洗顔」はただの言葉、名詞です。「顔を洗う」は、顔を洗うは動詞が含まれることで行動に移しやすくなります。脳内に映像が浮かぶのです。

何か行動したければ、「動詞」を使うことです。郵便物を出すときに「郵便物投函」だけではなく、「郵便物を投函する」というようにします。また、企画書を作成するときも動詞を使って書くのです。「企画書」ではなく「企画書を作成する」、「挨拶・笑顔」ではなく「笑顔で挨拶をする」。

他者に動いてもらうとき、とくに子どもに動いてほしいときは、具体的に伝えることです。「早く片づけなさい」と言っても、なかなか伝わりません。「○○ちゃん、これ何処にしまう？　片づけられる？」これは疑問形で訊いていますが、「しまう・片づける」という動詞です。

このように動詞を使うことで脳が動こうと反応するのです。大人も同じです。「どこにしまう？」と聞かれたら「○○にしまう」となります。「じゃあ、お願いね」とか「そう、やりましょう」で進んでいくのです。

言葉はあなた自身

話していることでも、考えていることでも、すべて言葉を使っています。あなたの発する言葉は、あなた自身です。「言葉＝あなた自身」なのです。

産まれてから、今までの集大成。その人の言葉を聞くとその人の性格や、今までの育った環境が出てきます。上手くごまかしたとしても、メッキは剥がれます。小さなときから、どのような言葉で育ったか？　豊かで幸せになると決めているのなら、自分の言葉に意識を向けましょう。言葉で自分の欲しい世界を想像し、創造していくのです。その世界は、目の前に現れるといわれています。

「あーなったら、どうしよう。こんなことになったら、どうしよう。怖い、怖い。心配で心が折れる」。このような言葉を使っているのと、「こんな風になったらいいな。あんなふうになったらいいな。ワクワクする！」と言っているのと、同じでしょうか？ 言っていることは、実現にといいます。どちらが実現するといいですか？ 自分が実現してほしいことを「考える」「口に出す」どちらも言葉です。絵に描くときも脳内で表現しているのは、「言葉」ではないでしょうか？

・Aさんにいっても無駄だし、言わないでおこう

・Aさんに伝わるように言ってみよう。伝わるまでチャレンジだ

２つ大きく違うことは何でしょうか？

最初の文章では、前提が過去のAさんの態度と自分との係りからいっても、変わらないという状態で諦めていること。次は、今ここを大切にして過去は過去。今は変わっているかもしれないという可能性に立っての態度。自分もさらにうまくいくことを考えている。

この２つの違いは、言葉が出てくる前の考え方（前提）が大きく違うことです。

・自分が発している言葉は、今ここの状況で判断したり、考えているか？

・それとも、過去の出来事のデータをもとにして考えているのか？

その考え方が、あなたの脳のなかの言葉を紡ぎ出すときの癖・パターンになっているかもしれません。その癖・パターンそのものがある意味、あなただといえます。過去のデータからの言葉を使って生きているあなたは、いつも過去に生きている。今ここを感じとり、さらによくなっていく未来を創っていく言葉を出しているあなたは、未来に生きているといって過言ではないでしょう。

さあ、あなたは、どんな言葉を使っているのでしょうか？　過去を生きる言葉？　それとも未来をつくる言葉？　「言葉＝あなた」です。

4　「ありがとう！」は魔法の言葉

「ありがとう」にある3つの意味

言葉は、あなたをつくります。心が豊かな方のお話を聴くと、「ありがとうがキーワードだ」とよくおっしゃいます。だけど、「嫌いな人に笑顔でいるのは無理！」とか、「嫌いな人に感謝の言葉は無理です」という声が聞こえてきそうです。そんな方へ事例をお話しします。

結婚して20年のご夫婦ですが、子どもたちの成長とともに手がかからなくなってきました。しかし、夫婦とも仕事では重要な役割も持つことが増える年代。家事は夫婦で分担する約束。

ところが、ご主人の残業が増えてくると家事負担ができない日が続く。「残業やから、仕方がないやろ」との発言の積み重ねが、奥様のイライラを増大させ、たまったストレスが爆発してしまう。

妻は夫に『もう家に帰ってこなくていい』と思うようになり、「坊主にくけりゃ袈裟まで憎い」という状況になっていました。

そこで私から彼女に、ご主人が帰宅したら「今日もお疲れ様、遅くまでありがとうね」と言ってみてくださいと提案したのです。ところが、家事は役割分担するのが当たり前、子どもができたときの約束はやらないし、私にはやって当たり前という態度をとる人に、「なんでそんなことを言わないといけないの？　私が言ってほしいわ」と、怒りだしたのです。

ここは、「そりゃそう思うよね」と一旦受け取り、その後に、私事ですが「離婚後から経済のことや生活全般、ゴミ出しも町内のことも私しかする人がいないので、手抜きをしながらやっているよ。もちろん、結婚中もそれに近かったけど。でも、結婚しているときも何か手伝ってもらったら『ありがとう』って、些細なことでも感謝の言葉を伝えていたよ。伝えても何も損はしないし、夫がいつ亡くなるかもしれないし」と、言ってみました。

しかし、抵抗はますます大きくなるばかり。これはもうお手上げかと思ったのですが、よくよく考えてみると、ここは彼女の自己肯定感や自己受容感が低いのではと仮説を立ててみました。

それからは、私は奥様に、ことあるごとに感謝の意を表しました。「ありがとう」には、肯定する・感謝・存在を認めるという意味も含まれているのです。

その奥様との関係性のなかで「嬉しい・楽しい・ありがとう」という言葉を多く使うように意識しました。そんななか、「そんなこと、当たり前ですから」と奥様がいったときに、「あなたなら当たり前だけど無言ですまされるか、『ありがとう』の言葉が返ってくるかどっちがいい？　嬉しい？　一緒かなあ？」と、尋ねたときに少し間があいてから、ありがとうと言葉で伝えてもらったほうがいいと、うなずかれました。

「ありがとう」には、相手を肯定し存在を認め感謝している意味を含んでいるのです。

彼女は、「夫に言ってみます」といいました。その後、ご主人も残業で家事ができないのが当たり前という態度ではなくなったと聞きました。子どもたちにも「ありがとう」の言葉を使うと、お母さんと会話がしやすくなったと言ってくれました、とおっしゃるようになりました。

そして休みの日には、家族で出かけるようになり、子どもたちが望むような楽しい会話もできるようになったのです。好ましい家族関係が良好に変化したのは、相手に何か意識的に変化させようと作用したわけではなく、ただ、「ありがとう」をいい続けただけです。

イライラが減ったのも「ありがとう」のおかげだと私は確信しています。

「ありがとう」は細胞が喜んでいる

何かをしてもらったときに、「ありがとう」というより、「ごめんね」という方もいます。私の父は母の介護のときに「すまんなぁ〜」（父とっては「ごめんね」と同義語）が口癖でした。「すまんなあ〜っていうけど、なにすまんことしたん？　すまんな〜とちごて『ありがとう』のほうが嬉しいな、老いては子に従えやで」と伝えたら、次の日から「メルシー」、「ダンケシェーン」、「サンキュー」と言い出したのです。普通に「ありがとう」って、言ったらいいのに、大正12年生まれの父にとって言いにくかったのですかね。その後は、外国語から日本語に戻し「ありがとうな」と言っていました。「すまんな」と言われる介護は重たく感じます。「ありがとう」を言われると気持ちが軽くなったのを思い出します。「ありがとう」というその言葉は、自分の脳が最初に聴くのです。自分の体の細胞が聴いているのです。細胞たちが喜ぶんです！

「ありがとう」の魔法が心の余裕にもつながります。イライラも減ります。それは、決して自分だけでなく相手にも起こるのです。この魔法は、自分のみならず周りにもかけられます。

これは、言霊といって言葉の持つ波動が関係しているようです。

写真集『水からの伝言』(江本勝著)にこのような実験方法が載っています。水を試験管に入れて「ありがとう」と「ばかやろう」の言葉を書いて張りつけて結晶をつくる。ありがとうはきれいな結晶ができます。ばかやろうは結晶がグチャグチャです。

人間の60％は水といわれています。半分以上です。水からの伝言のように波動で結晶が変わるとしたら、私はきれいな言葉や「ありがとう」と言って自分の身体の結晶は美しくありたいと思っています。そして周りにいる方の耳にも波動のいい言葉を発していこうと思っています。それが人と人が上手く付き合える魔法の言葉なら使ってみませんか？

「ありがとう」をいうことで、人間関係がうまくいくことを成功者の方は体感されているのだと私は思うのです。

5　生涯学習　自分の器・あり方を磨こう

生涯学習の本当の目的

生涯学習とは学び続けること。ただし、注意するのは完璧を求め過ぎないこと。これも足りない、あれも足りないと、苦手なところを補おうとして、必死に足りない能力を足そうと頑張りすぎない。生涯学習とは、完璧になるためにするものではありません。

完璧なのは神様だけです。人間はいつまでたっても不充分だし、欠けているところが沢山あります。それでいいのです。完璧を求めていたら、気づいたら人生のタイムリミットになってしまいます。

大事なのは行動することです。生涯学習の目的は、完璧になることではなく、毎日行動できるということ。能力は、今あるものを最大限生かして使いこなす。理屈を詰め込むだけの学習より、学んだことを実践し活かすことが重要です。

学校教育も改正され、記憶中心から、自分の頭で考える学習、学んだものを活かす学習が増えてきました。私たちが子どもの頃は、そのような学校教育ではありませんでしたね。しかし大人になった今、私たちも実践していきましょう。学習し、実践し、検証し、改善して、学習する。その繰り返しが重要です。

知っているだけだと、それは知識です。知っていることは、とにかくすぐやってみる。それが智慧になっていくのです。心の情熱とともに前進していくことが、生涯学習だと私は捉えています。

楽しい生涯学習のヒント

近くにいる素敵な方を探して、真似からはじめてみる。その方の言動、実践している姿を観察すると見えてくるものがあります。あなたのなりたい姿を描き、そのように生きている方をモデリング（真似）してみてください。

今、思い浮かぶ人はいますか？　いつも笑顔で、会う人会う人に丁寧に感謝している「ありがとう」上手な彼女。どんなときも自分のことより相手のことを気持ちよく優先する、応援上手なあの人。どんなことにもひるまず、はきはき自分の意見を言える彼。悩む時間は5秒ですぐに切り替えられる、器の大きいあの人。丁寧に人の話を聞いてくれる、寄り添い上手なあの方も。素敵な人は、あなたの周りにたくさんいるはずです。

1人に絞れなければ、複数人でもかまいません。Aさんのこの部分、Bさんからはここ、Cさんのこの性格を真似しよう、ご自身で見つけてみてください。あなたがどんな人になりたいか？　どんな上司がいいか？　どんなパートナーならいいか？　あり方が重要です。

モデリングを実践している方から相談を受けました。「最近、モデリングする人がいないんです」

私は「そろそろ、あなだが、モデリングされる人になってもいいんじゃない？」と伝えました。そうなんです、モデリングすることで、気づいたときにはステップアップしていくのです。

モデリングする

モデリングするときの留意点は同じコミュニティーのなかだけでなく違うコミュニティーにも参加して観察することです。何故なら環境、収入、年代などが同じだと「そりゃそうよね」と同意が起こる確率が高くものの見方の視座が変わりにくいのです。

角度を変えて物事を見ることが重要なのです。そのためのモデリングです。大きく・深く捉えたりすることで見えないものが見えてくる。人間性が磨かれていくのです。そのことで自分の脳内の配線を新しくしていくという感覚です。階段は１歩ずつ昇っていくのです。

ここで私がモデリングしたはじめは幼少のママゴトお母さんごっこです。私の母は当時珍しく働く女性だったのですが、専業主婦のお母さんらしくはなかったのです。オママゴトでは理想のお母さんを演じていました。家から次の社会は学校という集団です。そのなかでは色々な先生のなかから好きな先生の人柄をモデリングしていました。中高生になると、本の世界からこんな女性がいいなとか、こんな人になりたいとかと考えるようになりました。

60年前の女性はほぼ専業主婦、50年前はキャリアウーマンがカッコイイという時代になり、時代にそって働く女性をモデリングしていました。ただ、家庭との両立は難しそうで、商店の店舗付き住宅にいるお母さんをモデリングしたかったのを覚えています。

その後サイドビジネスで成功したかったので一回り年上の女性のことを沢山観察しました。お客様が来られるおもてなしを3日前から準備されるので朝からお手伝いに行きました。わかったことは丁寧にお迎えの準備をされている、来られる方のことに思いをはせられているということでした。

心理学を学び始めてからは女性トレーナーのあり方や技術、その団体の理事長のあり方など吸い取り紙で吸うように真似できるところは形から真似してきました。そのモデリングしていく階段は途中に踊り場があります。真似たからと言ってスッスと階段を上るようには成長できなかったのです。停滞して悩んでいるときにそのNPOの会の理事長が「踊り場で休憩したり。振り返ったりしたらいいんやで。踊り場のない急階段は転げたら一直線に落ちる。急がんでええ」と言ってくださったことは記憶にしっかり入っています。私の場合人生の目的の変化とともにモデリングしていく方も変化してきました。モデリングする、そしてされるようにも意識してきました。

第9章
健康について

1　何をするにもまずは健康から

幸せになるために、睡眠時間を犠牲にして仕事をする方がいます。あなたはどうですか？　何をするにも健康が基本です。そして健康と未病（まだ病気でないというだけ）は、違いますので注意が必要です。

あなたの健康というイメージはどうですか？　病気じゃないし、健康診断で悪い結果になっていない。今までも病院に行かなくても薬局のクスリで治っていると思っているかもしれません。

よく聞く話で、「健康診断では、まったく問題がなかったのに、急変して入院した」とかありますよね。

我慢強い人ほど要注意

私の九州大宰府に住む義理の父は、「毎日、病院まで点滴をしに通っているから大丈夫だよ」と言っていましたが、日に日に顔が茶色くなってきました。お腹もパンパン。京都大学病院をすすめましたが、仕事が忙しいと京都へは来ず、やっと重い腰を上げ、九州大学病院へ行きました。そしてお腹を開けて、何も治療せずにお腹を閉めました。手遅れだったのです。腹水がたくさんたまっている状態でした。毎日見ているると変化がわからないのかもしれません。

また、私の妹は病院嫌いで、市販の痛み止めを常用していました。体調が悪くなり、検査日が決まりやっと病院に行こうとした前日、救急車で運ばれ、それからたった２日で、お空へ旅立ちました。

友人も我慢強い人でした。しかし60歳のとき、全身の痛みが我慢できなくなり病院へ、その日に緊急手術。がんでした。脳にまで転移していて、３回も体にメスを入れましたが、病院に運ばれてから２週間の命でした。

自分が自分の身体の調子を見てやらずに誰が見るのでしょうか⁉　辛いこと、苦しいことを乗り越えると、そこまでは平気になります。そして、さらに強くなり我慢していてもそれが普通になるので要注意です。

某企業のコマーシャルで、「細胞は１日も休まず働き続けているのです」というフレーズがありました。「あー今日はよく頑張った！　一杯飲もう！　すっきりした！」と言っていませんか？　または「やけ酒だ！　ストレス発散だ」と理由をつけて飲んでいませんか。

一合のアルコールを肝臓が分解するのには６時間かかると言われています。身体を横にして休んだつもりでも、18時に一合飲んだら夜中の12時まで分解にかかります。寝ている間も肝臓は一生懸命に解毒作業をしてくれています。

お酒を飲む方は、休肝日をつくってくださいね。若いときの暴飲暴食はその後に影響します。若くても気をつけてくださいね。

睡眠のよい取り方を知る

クライエントさんが、「最近、起きられないんです。以前は、目覚ましがなる前に起きれていたんですけど……ストレスですかねえ」というのです。この方は、朝が弱いと初めて会ったときから嘆いている方でした。

時間管理の専門家、石川和男氏は、自分の適正な睡眠時間を計算し、起きる時間よりも寝る時間を決めるといいとおっしゃっています。適正な睡眠時間を知りたいときは、次の日が休みの日に、目覚ましなしで起きる。例えば、24時に寝て朝7時に目が覚めれば、7時間があなたの適正な睡眠時間になります。

睡眠の黄金時間は、22時～深夜2時までと言われています。この時間には、成長ホルモンが出たり、身体を修復したり、美しくなるためにも、この時間は眠るといいと、いわれています。そして、1日中使った脳は寝ることで疲れを取るのです。

明け方まで起きていて朝方に寝て、昼過ぎに起きて6時間寝ているといっても、睡眠の質はよくないのです。人間の体は太陽が昇ったら起きて、暗くなったら寝るというリズムが原始の時代から続いています。

自然の法則に従うと体が整います。私も仕事の締め切りの都合で、パソコン作業を夜遅くまですることがあります。作業が終わっても2時間は脳が興奮状態で深い眠りになりません。だから、寝る時間を逆算して決めます。

パソコン作業は、就寝2時間前に終了する。お酒は2分の1合にして就寝3時間前に飲み終える。こうして質のいい睡眠をとると、朝から脳はすっきり働きます。

医食同源　食べ物の栄養（食物・水・空気等）

「医食同源」という言葉があります。医学と食事の関係を指す言葉で、この2つは同じ源から生まれているという考えです。

夏野菜のトマトやキュウリは体を冷やし、冬野菜は体を温めます。季節に必要なことを野菜がしてくれるのです。春には、フキノトウなど季節の変わり目に食べるとよいとされています。いわゆる旬のものです。

しかし、現在は温室ハウスなどを使うことにより、季節に関係なく1年中出回っている野菜が増え、どの野菜が旬なのかわかりづらくなりました。魚においては、温暖化で海流が変わり、秋になってもサンマがやってこない現象も起きています。

栄養価が高い旬のものを食べるといいでしょう。昔は、対面でお店の方に「今なにが旬ですか？」と聞くと教えてくれたものです。お店が対面でなくなった今、どうするか？　ここはネット検索で調べましょう。

2　精神の健康をつくるもの

言葉も栄養です

脳の栄養には糖分が必要です。ただし、白砂糖の糖分や白米はダメなど、といわれています。赤身の魚やヒレ肉、ささみなどのビタミンB群は、脳が働くのに必要です。

「脳」と書きましたが、「心」にも必要な栄養素があります。それは、美しい言葉、肯定的な言葉、勇気づけられる言葉です。音楽や絵画も素晴らしいですが、言葉で表すことが一番身近で何度もふれる回数が多いので、今回は「言葉」に絞りました。

書籍を読むと言葉がインプットされていき、考える道筋がつくられていきます。インプットされていく言葉が、「おら、おら、おら～」とか、「お前なにしとんじゃ！」みたいな言葉だったら、どうでしょうか？

皇族のようなお言葉を使うことはありませんが、私が印象的な言葉は「安寧（あんねい）を願う」という表現です。

チャットGPTで調べると、「安寧とは、主に平和で穏やかな状態を指す言葉です。この言葉は、個人や社会、状況などが平穏で安全である状態を表現する際に、使用されます。具体的には、心の平静や安らぎ、身体的な健康や幸福、社会的な調和や安定など、さまざまな側面での平穏な状態を意味することがあります。この言葉は、日常生活や哲学的な議論、宗教的な文脈などで使用されることがあります。例えば、病気やストレスからの回復を促すために心の安寧を求めることができます。また、平和な社会や国際的な安定を目指すために政治的な努力が行われる場面でも使用されることがあります。総じて『安寧』とは、不安や混乱がなく、調和と平和が保たれた状態を指す言葉です」。

以上が、チャットＧＰＴで出てきた内容です。

私が使うなら「安心・安全」といったところです。東北大震災の後、天皇が「安寧を祈ります」とおっしゃったとき、恥ずかしながら「安寧って何？　どんな意味？」と思って、そのときに調べました。安寧は「無事で安らかなこと」、これは世の中に対してだそうです。「安泰」は自分のこと、身の回りのことを指します。

人に言った言葉は、あなたが一番聞いている

話は変わりますが、もうずいぶん前に読んだ本にあった言葉です。本のタイトルも著者の名前も書き記さなかったので忘れました。

52歳で離婚したので、かれこれ20年くらい前に書き留め、毎日見ていた壁にずっと張っている言

葉を紹介します。

・私たちに、最も必要な栄養物は、自己評価を高めてくれる言葉だ

・優しい褒め言葉は、夜明けの星の奏でる音楽のように、いつまでも記憶に残り心の糧となる

・体（肉体）が疲れるのではない。精神が疲れるので、リラックスと言う

・問題に直面したとき、決断に必要な事実を握っていたら、即刻その場で解決する

・穏やかに、しなやかに、自分らしく。恵まれているものを数える。批判、苦情を言わない

そして誰かを勇気づけることは、自分が一番勇気づけられます。なぜなら、脳内で言葉にして、口からその言葉を発して、そして自分が聴くのですから。アドラー心理学を学んだときに、悩んでいるとき、自分の状態が芳しくないとき、誰かを励ますと、自分がその状態から脱しやすいと気がつきました。そして、他者を罵しったり、いじわるしたり、馬鹿にしたりしないことです。その言葉は自分が聴いているからです。

親が子どもに言ってはいけないこと。「産むんじゃなかった。お前のせいで……。こんなはずじゃなかった。ダメでしょ」などの言葉です。子どもの自己評価を一気に下げます。自分自身も聴いているので自分の評価も下げます。

自分のためにも発する言葉は丁寧で優しい言葉、相手の存在を認める言葉を使うといいですね。何度も繰り返しますが、「言葉＝自分」なのですから。

3　健康でいられる環境は自分で選ぶ

あらゆる汚染に気をつける

「大気汚染」は、七大公害の１つです。その他の汚染は、水質・土壌・騒音・振動・地盤沈下及び悪臭です。汚染は、人間が開発することによって自然環境を破壊していく結果とニュースでも耳にします。それらは、自分事であってもなくても意識はその方向へ向きやすいのです。

しかし、自分にかけられたイヤな言葉は、なんとなく気分がすぐれないなと感じるだけです。それが続くとどうなるか？　など考えもしないのです。

大気汚染が続いて四日市喘息になった人は体に不調がでたし、広範囲で同じような状態になったから気がつきはじめたのです。水俣病も同じです。

ところが、私が愛のないひどい言葉をかけられて、傷ついていったとしても、それは広範囲に及ばないし、言っている人が、外面がよければ全く広範囲に及ばないので誰にも気がつかれないのです。私が傷ついたとか辛いとかいうとかえって軟弱だなどと、いわれるかもしれない。

そういうとき､言葉を発する人と距離を取ることを考えましょう。傷つく言葉を浴び続けるのは、豊かで幸せになることの反対のことです。

先生の悪口をいう親の子は、先生を尊敬しなくなります。親の言葉から子どもの脳は汚染されていくといえます。先生だけでなく、父親の悪口をいい、馬鹿にするのも一緒です。実は、大人もすでに汚染されているので、二代にわたって、いやもっとかもしれませんが、遺伝のように汚染は受け継がれていきます。

だから、付き合う人が大事です。「朱に交われば赤くなる」、「類は友を呼ぶ」この2つのことわざをいい意味で使いたいものです。

いい環境はつくれる

子どもの環境を整えるのは大事です。お金がなくても時間がなくてもよい環境はつくれます。あなたの脳内の環境を整えることです。今までも話していますが、言葉が自分をつくるのです。言葉で自分の欲しい環境をつくることができます。ここが大きなポイントです。

自分が欲しい環境を描く。絵に描いても言葉で表現してもいいのです。肯定的な言葉で描いていきましょう。

時間をうまくつくれないなら、いい方法があります。現在進行形を使うのです。中学の英語で習う、何々しつつある「ｉｎｇ作戦」です。私が豊かで幸せになりつつあるところ。子どもたちが自立しつつあるところ。私にお金が入りつつあるところ。私は素敵に輝きつつあるところ。

そして、このｉｎｇ作戦。言葉を発していると、情報が自分のアンテナに入ってきます。これは、環境が悪いからできない、家族が足を引っ張るから難しいなど、環境や人のせいにしている波動とは違いますから、違うものが引き寄せられます。

そして、自分が欲しい環境を自分がつくれるという感覚を、小さくてもいいので育んでください。お風呂でリラックスするように、入浴タイムを工夫する。昨日はモモの葉っぱを袋に入れてお湯につけモミモミしました。いい香りが広がって、嬉しくなりました。

こんなことをしていると、その情報にやってくる人たちがいます。周りにいる人たちが変わると環境が少しずつ変わっていきます。「類は友を呼ぶ」、ことわざどおりです。そして、「ありがとう」をいう習慣は、そういう人たちのなかへ自分も入っていきます。そして周りもそのような人たちでいっぱいになります。

環境を選ぶということは、自分の脳内の整理整頓ともいえるかもしれません。

4　日常からつくる健康

ダイエットの正しい知識

どんなダイエット方法でも、うまくいかない方がいます。ダイエットに成功したけど、リバウンドする方もいます。糖質ダイエット、炭水化物ダイエット、バナナダイエット……。

まずは食べたものを写真に撮って並べてみる。水は1日2リットル以上、飲む。水には珈琲やお茶は含みません。「お茶お茶しい肌」とは言わないですよね、「みずみずしい肌」です。

また、自分の使う栄養素や取りにくいものを知ることも大事です。そしていつ寝ているか？　記録してみてください。

私は40歳のとき、体脂肪が38％、体重72キロ、体内年齢63歳。この数値見て倒れそうになりました。70歳になる現在は、体脂肪27％、体重62キロ、体内年齢40歳。体重は、少しずつ減っています。

何が変わったかと言うと、40歳のころは、夕食は遅くに食べ、朝食は10時に食べ、12時に昼食。そのサイクルを変えたのです。犬の散歩に行き、7時に朝食を食べる。昼食は以前の夜ご飯のようにしっかり摂り、その代わり夕食は18時で軽めにする。そうすると、朝はすっきり目覚めお腹も減っています。もちろん、快便（大事です）。

そして、ここでも睡眠時間。24時までにどれだけ寝られるか？　自分だけの記録ではありますが、体重と睡眠は関連していると確信をもっています。

なお、ダイエットについては、今まで読んだ本のなかでおすすめがありますのでそれを参考になさってください。

『ダイエットは習慣が9割』　増戸聡司（マシトサトシ）著　プチ・レトル出版

笑いが大事　ＮＫ細胞・ホルモン

あなたは、最近いつ笑ったか覚えていますか？　「いつだったかな」と思い出せないなら、幸せは遠くなってしまいます。私は、毎日笑うよう心掛けています。笑いがもたらす効果は以下のとおりです。

・ストレス軽減：ストレスホルモンを減少させる。リラックス効果をもたらしてくれる
・免疫力向上：免疫システムを活性化させる
・痛みの軽減：エンドルフィンという脳内の神経伝達物質の分泌を促進する
・血圧の低下：血管の拡張や血流の改善に関するホルモン物質を放出する
・幸せホルモン放出：笑いや笑顔は快楽や幸福感をもたらす神経伝達物質が放出する
・セレトニンの増加：セロトニンは気分を安定させる

笑いは、脳内にあるミラーニューロンによって生み出します。苦虫をかみつぶしたイヤな顔や暗い顔も、同じようにミラーニューロンが鏡のように写しだします。どちらも写し出すので注意が必要です。さて、世の中に素敵な影響は笑顔でしょうか？　イヤな顔でしょうか？　意識して笑顔でいたいですね。

免疫細胞の仲間のＮＫ細胞は笑うと増えると言われています。がん患者さんが笑い番組や、コメディ映画などを見て、がんの進行が遅くなるなどの結果が出ています。これはＮＫ細胞のおかげだ

と言われています。日ごろ笑いの少ないと感じている方は、映画やYouTube動画で笑いを取り入れてはいかがでしょうか。

もう1つ、口角をキュッとあげているだけで、脳内に幸せホルモンが出るといわれています。鏡の前で、ニコッと口角をあげる。トイレに言ったときに手を洗いながら鏡に向かって「ニコッ」と笑う。手を洗うときに口角も一緒にあげると決めておけば、1日何度も口角をあげることができますね。

「ありがとう」というときに、「ニコッ」とすると、一石二鳥です。幸せが倍増します。信じてやってみてください。やるかやらないかより、信じるか信じないかです。研究結果が出ているので、「そうなんだ」と信じて実行あるのみです。お金も手間もいらないので簡単ですよ。

私は、4人の息子を育てているとき、アルコール中毒の夫との生活が大変で、いつもへの字に口を曲げていました。そんなときに、笑顔の効果を聞いたのです。お金も時間もない私でしたが、笑顔は、すぐに実行できました。幸福感を実感できる日々になりました。

幸福感を実感するのはもう1つあるのです。それは「ハグ」赤ちゃんは抱っこです。家族療法の権威バージニア・サターの言葉で『私たちは生きていくために、1日に4回の抱擁が必要だ。私たちは人間関係の維持のために1日8回の抱擁が必要だ。私たちが人間として成長するためには1日12回の抱擁が必要だ』と言っています。スキンシップ、触れ合いって幸福感の秘訣なんですね。

第10章

待つこととチャンスを活かすこと

1　待つ大切さ

「待つ」って、何でしょうか？

待つには、いろいろな意味があります。期待して待つ。自分は何もしないで傍観者のように待つ。天命を待つ。機が熟すのを待つ。話を聴くときは、待てない人も多いです。私も以前は、相手が話し終わるやいなや、いや話し終わるだろう最後の言葉にかぶせて話し始めてしまうことが多々ありました。最近は、少なくなりましたが、それでも徹底するのは難しい。

育児中のお母さんはどこを待って、どこを入り込むかの線引きが難しいといいます。介護の現場でも本人がしたほうがいいけれど、本人にすべて任せてしまうのではなく、その行動を注意深く観察しながら「ここぞ」というところまで待ち、援助の手を伸ばす。

子どもの年齢にもよりますが、育児だけではなく、介護も部下を育てるのも人間関係全般、同じかもしれません。

あなたは「待つ」という言葉に、どのようなイメージがありますか？　そして、「チャンスを掴む」には、どのようなイメージがありますか？　私はスプリングがグンと伸びる前に、小さく縮んでいるという状態をイメージします。それが待つ感覚。そして、チャンスを掴むは、縮めば縮んで分だけ、高く飛べる感覚です。

「ここぞ」というときにチャンスを活かすためには、準備をしておくことで、ここぞという場面で掴めます。実は準備は「待つ」とセットではないか？　そして待つときは辛抱がいる。

今、辛抱は少なくなってきていますね。携帯電話がない時代。待ち合わせをしても、約束の時間に相手が現れず悲しくなったこと、事故だったらどうしようと心配した経験はありますよね。最近は「今、どこにいるの？」と連絡し合える。昔の「待つ」に関するエピソードは今はつくり出すことができませんよね。

待たないことの悪影響と待つことの好影響

連絡がつかないと気持ちが変化し「イライラや怒り」になるかもしれない。母親も辛抱しきれず、子どもに「早くしなさい」と急がせて、親が少し待てばいいけれどそれができない。人と話しているとき、相手の沈黙に待てない。自分が早く答えが欲しくて、矢継ぎ早に質問をしてしまう。これは自分が中心で、相手が何を言いたいかなど、お構いなしだということにならないか？

聴いているのではなく自分の話がしたいだけなのです。人は聴いてほしい欲求を持っています。そのため、他者の話はなかなか聴けないものです。相手の話をちゃんと聴いているかなと意識するだけでも、相手の話を聴けるようになります。

戦後の教育の話を少ししましたが、同じ内容を区切られた時間でしなければ置いてきぼりになる。置いてきぼりになると評価が悪くなるだろうと想像して子ども自身もどうしようかと「待って！」といえない。そして答えのある問いで正しい答えを時間内に出さなくてはならなかった。そういう影響はないとは言えないのではないだろうか？　つい正しい答えがあると思って待たずに急がせる。

しかし、大事なことは、ゆっくりでも自分で自分なりの答えを出すことだと思っています。できないと置いてきぼり、仲間外れが起こると想像してしまう。親が沈黙のあと、子どもを叱るので沈黙の時間が怖い。上司のことも、パートナーのことも同じ。そして沈黙が怖いから、意味のない取り繕う言葉が口から出てくる。小さいときからの処世術。それを今でもやってしまっている。

では沈黙のとき、どうするか？「2人の間に蝶々が飛んでいる」と想像してみてください。少しは、心が和みませんか。そして相手は、次にどんな言葉を使おうか？　忖度か、遠慮か？　自分にぴったりの言葉を探しているだろうか？　と考えてみるのです。

心理学を学んでいるとき、「7分は待て！」とアドバイスをもらいました。7分は想像以上に長いです。しかし、意識すればできるようになります。「待てば海路の日和あり」という、ことわざもあります。今は天候が不順で海も荒れているけれど、困難なことが起きても、そのうち航海に適した日和もくることをいいます。

発酵するのは食品だけではなく、考え、行動も発酵する時間がいるのです。特に人間関係に必要なのは、「上手く話さなくてもいい」という認識を持つことです。後は待つときの態度です。沈黙のときこそ雰囲気は重要です。怖い顔をしていませんか？　自分が緊張していませんか？　リラックスしてまず自分が安心して座っていましょう。人の話を聴くときの待つは、ほぼそれで大丈夫です。

もう少し具体的に「待つ」にまつわることを観ていきましょう。

自分を信じ相手を信じる

まずは自分を信じ、次に相手を信じること。待っていても相手が来ないとき、相手を責めたりしがちです。大きく考えると人生そのものは、自分で創るといいます。しかし、実は自然のなかで大きなエネルギーに包まれていて、操作ができないときもあります。できるとしたら、自分を信じることぐらいです。自然に身を任せるといってもいいでしょう。信じていなければ、疑いの目で見て、なにかしら抵抗しつつ、安心してはいないのです。これが自分自身に起きている。もちろん、他者からも見て取れる。

自分が不安や抵抗感があって、他者にその感覚が見えると他者もそれに同調してしまう。それを見て自分がさらに不安になる。こんな悪循環が始まります。まずは、自分を信じる！　自分を信じられないのはなぜでしょう？　何かが足りないと思っている、完璧ではない。自信がない、能力が……と、過小評価になっているかもしれません。

ここまで生きてきたのです。あり方がもう少しよかったらと思うなら、それは今後の課題です。今ここに生きています。「今までよくやってきたね」と声を掛け、大丈夫！　といってみましょう。他人様は鏡です。自分が映し出しています。ということは、自分が自分を信じると相手のことも信じられるようになります。

2　自分に問いかけて広がる可能性

「否」ではなく「非」

自分が正しいと思っていると、相手が話している最中に「でもね」とか「だって」と、口を挟みたくなります。相手を言い負かしたいとき、マウントを取るときや取られそうになるときも、待たずに言い返してしまうものです。

そんな状況のとき自分の「非」を認められるか。「否」ではなく「非」です。「非」は、否定の意味を持つが「何々ではない」という意味です。非常識ということは、「常識ではない」こと。非公式とは「公式ではない」ことです。条件や属性を持たないことを強調するときに使います。

一方、「否」は、提案や主張に対して、反対、拒絶または肯定しないことを示す言葉です。「非」は事実でないときに使い、「否」は意見の表明にたいして拒否するときに使います。そのため、非を認めるとは、自分の間違えを認めることを意味します。過ちを認めるのは大変です。

自分が間違えていないか？　脅迫観念的に恐れるのではなく、自分自身が「これでいいのか？」とか、ときどきは自己批判的な問いを自分に投げかけるのもいいかもですね。自分自身を否定するのではなく、行動や方法が少し間違えているかもというときの「かも」の点検です。

この点検で間違いを見つけたら、成長の機会かもしれません。素直に認め、改善していきましょう。素直は知性だと聴いたことがあります。我を張らないということですね。

正しい自問自答で人生の道探し

自問自答とは、自分が自分に問いかけて答えることです。自己対話とも呼ばれています。自分の考えや感情を整理して、問題解決や意思決定をするプロセスでもあります。「はじめに」にも書きましたが、最近の人は忙しすぎて自問自答が少ないのではないでしょうか？　「問い」を立てても情報がすぐ手に入るので、検索して答えが出たと思ってしまう。自分自身とゆっくり対話する時間が過ごせないのかもしれません。

自問自答は、反芻思考とは違います。牛や羊のような草食動物には胃袋が4つあり一旦胃袋に入れても、また胃から出して噛んで胃へ入れる。4つの胃袋へ順番に繰り返し入れていきます。

そのことから反芻思考とは、

・否定的な感情や出来事を繰り返し思いめぐらせてしまう
・自分の問題や感情に固執し、他のことに注意を向けにくい
・問題解決になりにくい、負の感情を増大させてしまう

このような心理的作用のことです。自問自答とは違いますよね。

例えば、自分の生き方を考えるとき、反芻思考の場合には、どんなふうに生きたいか、精一杯悔いなく生きたい、でもしんどいだろうな、そんなこといわずに頑張ろう、でもできるかなあ、精一杯生きたいなあ、でもしんどいだろうな、自分にできるかな、やっぱり無理かな……と一旦は落ちつくように見えて、またグルグルとネガティブな思考が繰り返されます。

一方、自問自答の場合には、どんなふうに生きたいか、私が死んだときお葬式にたくさんの人がお別れに来てくれるように生きたい、それはどうしたらいいかな、人と親身になって付き合っていくことで可能になる、具体的にどうすればいいかな、コミュニケーションをとることかな、対話してもお節介にならないように聞き上手になればよいかな、相手がしてほしいことを聴ければいいかな……。このように、掘り下げることで、どんなふうに生きていくか筋道が見えてくるのです。

ポイントは、マイナスな思考にならない。そして、自分の頭で考えることを面倒がらないことです。

答えは、1つではない

人生は、数学のように答えが決まっていません。「正しい」、「正しくない」という二元論でもありません。もしも、答えが2つなら、人はロボットと一緒になります。

答えが1つだと思いがちなのは、義務教育のテストが原因かもしれません。さらに高校受験、大学受験と試験問題は、「〇×式」の問題かマークシート。記述式の問題はほとんどなく、絶対的真実である唯一無二の答えのみが正解になる。そのため、義務教育や受験勉強が終わっても、長年沁みついた満点主義、完璧主義が抜けず、正しく答えなければという思考になっているのです。思考の道が高速道路のように一本線で入り口と出口が決まっている。選択の余地がない。このように答えが1つだと思っているかもしれません。

答えが1つのときは、「自分が正しい」と思いがちです。または、「～ねばならない」とか「私の常識」「私の当たり前」に、とらわれています。

例えば丸いホールのケーキを分けるとき、

①人数分均等に切り分けるのが当たり前（～ねばならない思考）

②食べたい分を切り分けるほうが理にかなっている（常識、当たり前）

③じゃんけんで勝った人から取る（これが平等だ、自分が正しいと思っている）

もう1つ例を出すと、京都から北海道に行くとき。

舞鶴からフェリーに乗る、大阪へ出て飛行機に乗る、京都からなら新幹線を利用する。この３つしか浮かばない。そして、楽なのは新幹線だと思い込んでいる。ところが、乗換案内で京都発、札幌着を調べて驚きました。

朝7時に京都駅から新幹線に乗って札幌には12時に到着。新幹線しか浮かばない私の方法だと京都駅から7時に新幹線に乗り、東京から札幌には17時30分、料金はなんと３７，３１０円。

一方、飛行機は神戸空港を出て、京都からＪＲ三宮駅を利用、三宮からポートライナーで神戸空港へ、そして新千歳空港、札幌までは快速エアポート。料金は２７，４７０円。ほぼ同時刻に出発して早く到着し、しかも1万円も安くなるのです。

行き方はいろいろ。旅をするように人生もルートはいろいろです。どうやって楽しむか。答えは1つではない。人生は正しい答えを探すことではない。探すとしたら、「私の幸せって？　どんなことだろうか？　どんなことでも幸せにするには？」ということだと思うんです。

答えを見つけるには　相談できる仲間をつくること。そのコツは、いろいろなコミュニティーに飛び込んでみる。年齢、職種、性別が違うなど、自分と違う人とも付き合うのです。発想の観点が違うことで、よい気づきをえて、人生の幅を広げることもできる。私にもできたように、あなたも失敗を怖がらずに、行動してほしいと願います。

3　あなたの人生を好転させる「待ち方」

時間のかかることもある

すぐに結果が出ないと不安になる。上手くいくか、いかないか、はたまた大失敗か、結果が出なくても信じて待てるか、すぐではなくても失敗を繰り返しても結果が出るまでやり続けるか。すぐ結果が出ないことを失敗と捉えてやめること、諦めることほど残念なことはありません。チューリップの球根を11月中旬に植えたとします。芽が出るのは春、4月ごろです。ひと月で芽が出ないからと諦めて掘り返し球根を捨てることはありません。春になったら芽が出ることを知っているからです。知っているので12月に芽が出なくても嘆くこともありません。

人との関りも同じです。盛り上がっても、波が引くように去っていくことを一度や二度は経験されていると思います。なかなか関わりが持続しなくても、じわじわと絆ができてくる。会う回数が増えるごとに絆は太くなっていく。これは、すぐにできるものではありません。

自分が心を開いた分、相手も開くといいますが、相手の心が開くのも時間がかかる。「急いては事を仕損じる」という、ことわざがあるように、急いだり慌てたりすると雑になり丁寧さに欠けてしまいます。人とも丁寧に接することが大事です。

魚は〆て急いで捌くより、少し時間を置きます。捌き始めたら体温が伝わらぬ間にすぐに調理するほうがいい。それは丁寧に扱っているのです。

パートナーとの関係は丁寧に対話をしつつ年月を重ねると「あ・うん」の呼吸でいられるようになります。90代のおばあさんは、「うちの人は空気みたいで、居ても気遣いはしないし、気にならないが、居ないと困るわ」といっていました。そこまでになるには、やはり時間がいりますね。

準備万端やることやったら天命を待つ

物事がうまくいくコツは、準備にあります。準備をしっかりすると、8割はできたと同じです。私は経験上、準備を整えることはリハーサルとも考えられるし、脳内にインプットされ当日までにさらにアイデアが浮かぶこともある。そのため当日は上手くいくと信じています。

もちろんやることには、不測の事態に備えることも含まれます。それは、思ったとおりに進むといいが、万が一、上手くいかなかったときの第二案を考えておくということです。

人と会う約束をしたのに土壇場でキャンセルされたらどうするか？　近くで会える人を探すにもデータがいる。連絡先を持っていて、連絡して会えるならラッキーです。そのときは資料を持ち合わせている必要がありますね。もしくは、1人でできる作業をするか？　または、ぽっかり空いた時間を休憩に使うか？　このような事態になったときに最初からやることを決めておくと時間をうまく使うことができます。決めていないと、悩みながら時間だけが過ぎていく。

私は、裏メニューをつくっています。外出しているなら、散策か喫茶店に入り本を読むことに決めています。自宅に来るクライエントがキャンセルになったら家事にあてる。やることを一生懸命やりきる。

何事も人がすることなので完璧にはいかない。完璧なのは神様だけと信じているので、できるところまでは一所懸命に頑張る。自分が納得できたら、それで終了する。自分が想像したとおりのことが現実になるといわれています。だからこそ、上手くいく想像をし、あとは天に祈る。そして待つ。それが天命を待つということだと思っています。

そこにいきつくには、何をするか頭で考えるだけでなく、ノートに書き出し視覚化して、1つずつやっていく。やり漏れはないかチェックし、思いついたらまた書き出す。そしてやる。この繰り返し。ただし、終わりの時間をシビアに決めておく。決めておかないと、ダラダラとしてしまいます。人は与えられた時間をすべて使ってしまうからです（パーキンソンの法則でしたね）。

私自身「待つ」のが怖いときもあります。頭で想像したことが現実に起こるなら「いいことを想像する」と決める。そうすると怖さが減っていきます。もちろん、ただ黙って待つ受け身の「待つ」ではなく、全力を出してやりきったあとに結果を「待つ」のです。

4　幸せをあちこちに創るのは、あなたです

自分のリラックスタイムを自分で創る

あなたはリラックスする時間をつくっていますか？　ストレスとどう付き合うかを考える必要があります。意識してリラックスできる環境をつくることが大事です。

例えば「香り」。時間がない方におすすめなのは、お気に入りの香りを「シュッ」と撒くだけ。たった1〜2秒の動作で、よい香りが自分の周りを取り囲んでくれる。個人的には、自然な香り、エッセンシャルオイルが好きです。この文章を打ち込みながら、試してみましたが、「シュッ」としたら、いい香りが私を包み込み幸せな気持ちになります。そして大きく深呼吸を2〜3回する。それだけでリラックスできます。

お風呂にもいい効果があります。お風呂に、「バスエッセンス」を入れ、リラックスタイムを味わう。ゆっくりしたいときには、リラックスする音楽をかけて、聴きながら入る。たまにはキャンドルを持って入る。火の揺らぎを観ていると心が整います。部屋でキャンドルをつけながら音楽を聴くときは、居眠りしてしまうと危険なので注意してくださいね。

ほかにリラックスするのはガーデニング。ガーデニングと言えるほどオシャレではありませんが、

土いじりは無心になれます。子どものころの砂遊びに近い感覚。雑草を取り除き綺麗になった庭には柑橘系の木、そこにアゲハ蝶が舞い踊る。季節が巡り、次の年もアゲハ蝶がひらひらと柑橘系の木の周りを飛ぶ。それを眺めているだけで楽しく、リラックスできます。

春にはチューリップが咲き、桜の花も満開になる。1年のうちの2週間、とても癒されます。わずかな期間しか観られない景色だからこそ、その一瞬に癒されるのかもしれません。テーブルを出し、友人とお茶を楽しむ。子育て中は、時間がなく庭の手入れなどできませんでした。しかし、いつか家のなかからいい景色が観られるようにと、桜の木を植えていました。そしてリラックスできる自分の好みの居場所を計画的に創り出したのです。忙しくて大変という方は、私のように徐々にしてみてくださいね。

最後に今すぐできる一番簡単なリラックス方法。それは、目をとじて深呼吸をすること。好きなことを想像しながら、好きな音楽を聴き、癒される香りを楽しみながら、深く息を吸って吐いてください。忙しいあなたは、こんな時間を大切にしてください。

まず、自分が幸せになること

自分のことより他者のことを優先してきた私。何かを我慢し、自分を犠牲にし、母親とか妻を義務だと思って一生懸命やってきた。家事をしても何をしても誰かから「よくやってるね」とのねぎらいの言葉をかけてもらうこともなく、ただやらなければ前に進まないと思い行動してきた。母の介護、パートナーはアルコール依存症で日々の対応は困難を極め、そんななか父を看取り、パートナーとは離婚した。そして半年後、私は半顔麻痺となった。

病院で診察を受けた私は、「休憩するようにと身体がいってるんやなあ。これからは、やりたいことだけするんですよ」と先生はおっしゃる。「そんなことしていたら生活できません」といったら、「その性格、考えがこの病気をつくるんです」とおっしゃいました。それまでは、「我慢、義務、犠牲の３Ｇ」は、当たり前でしたが、それを手放すことにしました。

心の負担は、３Ｇが主です。特に義務だと思うことは、「それほんま？」と、自問自答することです。３Ｇは気がつきにくく、脳内の回路に当たり前として配線されています。だからこそ、「それほんま？」と問うのです。そうしないと「自分ばっかり」とか、「なになにしているのに」と不満がたまります。

まずは、３Ｇを手放しましょう。自分が幸せになることを考えてもいいのです。自分を後回しにしないで自分を大事にしましょう。

自分を大事にできると他者も大事にできるようになります。自分を犠牲にしているから不満になる。自分が満ち足りていると、多少何かがあっても不満にならないのです。満ち足りたコップから水があふれるように愛があふれ出すからです。

相手の幸せを祈る

自分が幸せになると、他者からの妬みが出てくるときがあります。単純に「私も幸せになりたいわ、どうやったのか教えて」と、いえばいいのに嫉妬心が強い人もいます。

世の中には人の足を引っ張る人もいます。自分が幸せなら、他者にいじわるをしたり、妬んだり、恨みなどあまり感じることはありません。だから、そういうことをする人は幸せを感じていないかもしれません。

もし、本当に仮定の話ですが、あなたにもそのような気持ちがあるならば、相手を嫉妬してはいけないのではなく、自分が感じていることを受け止めるべきです。なぜ自分が嫉妬しているのか？理由を書き出しましょう。嫉妬している理由は何か？　書き出すのです。そして、何ができるかを考えることです。

自分がマイナスの波動で、恨んだり憎んだりすると自分自身の幸せがどこかへ行ってしまうのです。心理学でいわれているのは　過去と他人は変えられない。変えられるのは自分と未来です。

これは仕方がないと解釈するのではなくて、人生にはどうにもならないこともある。しかし、互いに対話ができるとしたら素晴らしいことが起こる可能性も含んでいます。誰のせいでもなく自分で考えて、その都度選択して自分が望む人生を手に入れてください。どこまで行っても自己を知ることがカギです。

ここで心理学者パールズの言葉を載せておきます。

『私は私の人生を生き、あなたはあなたの人生を生きる。私はあなたの期待にこたえるために生きているのではないし、あなたも私の期待にこたえるために生きているのではない。私は私。あなたはあなた。もし縁があって、私たちが互いに出会えるならそれは素晴らしいことだ。しかし出会えないのであれば、それも仕方のないことだ』

ゲシュタルトの祈りより

もう1つ、そもそも相手を理解することは不可能であるとアドラーは考えています。それにまつわる逸話を紹介します。その逸話はジョングレイの『ベストパートナーになるために』（三笠書房）超簡単にして載せます。男性は火星人で女性は金星人だった。恋に落ちた2人は地球に移り住み、互いに違うことも気がつきましたが、異星人なのだからと当然だと話しあって許しあったのです。

そして子どもが生まれました。地球人です。そのころから2人は子どもも自分たちも地球人だと思うようになったのです。すると同じ地球人なのになぜ同じように考えないのか、感じないのか？と許せなくなっていったのです。はじめはわからなくて当然だと思って、わかろうとしたのに…

日本人にありがちな「言わなくても察する」ということではなく、わからないという前提で互いにわかろうと努力することはとても重要なことです。そのために対話は親しければ親しいほどしましょうね。

おわりに

最後までお読みいただき、ありがとうございます。

本文中では、何度も「書き出してください」とお伝えしました。自己との対話をするコツは自分の考えを「見える化」することです。言葉は音です。音は消えます。だから、考えるときは可視化するのです。そして鳥が大空を舞い上がり、上空から全体を見渡すように、書き出すことで、頭のなかで考えていたことを広い目で観ることができます。

考えがまとまらないときほど、モヤモヤしているときこそ書き出してください。何か計画を立てたときも、行動をして進めていくときも書き出すといいです。そして、だれが何といおうと自分が自分の味方でいてください。誰でもない、あなたの人生です。自分らしく生きるのです。

私も振り返ると、心理学を学び始めた50歳のころ、そのNPの理事長に廊下ですれ違うたびに「上倉、何が一番したいねん?」と声をかけられていました。そのときは、「やってるやん!」と思っていましたが、あまりにも何回も声を掛けられ深く洞察してみました。

そうすると5歳から育ててもらった義母に「あれしたい・これしたい」といっても反対されていて、そのうちOKが出そうな言葉しかいわなくなった自分に気づいたのです。そして行動はしていたので、やりたいことはしてきていると思い込んでいたのです。それは1番やりたかったことではなく、親から認められるような、妥協した4番か5番目にしたいことだったと53歳で気がついたのです。

その後、自分がどう生きたいのか？　親の考えを捨て（これも難しかったですが）、どう生きたいかの自問自答がはじまりました。

やりたいことをやるには経済力も必要です。何を仕事にするか？　その仕事は生活のためか？　その自問自答はまだまだ続いています。生涯学習とは、その字のごとく、「生涯、学習し続けること」ですから。

ただ、自分の幸せはどんなことか、どう生きたいのかが明確になった今は、とても幸せです。健康第一に考えながら毎日1つ新しいことを取り入れて行動していくと決めています。

私と会うといつも「楽しくなる、エネルギーが充満する、癒される」と思われる人でありたいと心がけています。

そして、「まずは始めよ」は、坂本龍馬の言葉です。まずは行動。昨日と違うことを1つでも一緒にやっていきましょう。

あなただけの豊かな人生をつくるために！

最後になりましたが、出版にあたり一方ならぬ援助をいただいた方々にお礼を述べさせていただきます。

右も左もわからず「どうしても出版したいんです」と、時間管理の専門家の石川和男先生に食い下がり、タイトル出し、企画書のつくり方や添削など細かにご指導いただきました。

企画をとおしてくださった株式会社セルバ出版の森社長、お繋ぎいただいた株式会社アレルドの細谷社長。

素敵なイラストを描いてくれた　海老グラタンさん。構成やフィードバックを手伝ってくれたライティング講座の仲間である瀧千登勢さん、今任季子さん、永井美羽さん。お世話になった多くの方々、本当にありがとうございます。皆様にはよりよい本にするためにお時間さいていただき感謝してもしつくせません。

その他にもいろいろご援助いただきました皆様　誠にありがとうございました。この場をお借りして感謝申し上げます。

上倉　妙

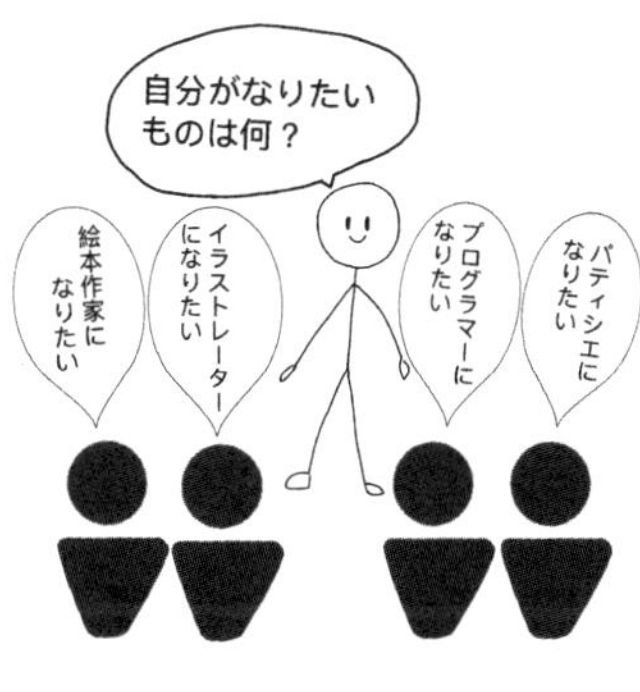